O
ALMANAQUE
DE
NAVAL
RAVIKANT

O ALMANAQUE DE NAVAL RAVIKANT

Um guia para a riqueza e a felicidade

ERIC JORGENSON

intrínseca

Copyright © 2020 Eric Jorgenson
Todos os direitos reservados.

Este livro foi criado para ser um conteúdo gratuito. Ele está disponível para download nas versões pdf e e-book em www.intrinseca.com.br/oalmanaquedenaval. Naval não está lucrando com este livro. Ele tem ensaios, podcasts e muitos outros conteúdos no site Nav.al e no Twitter @Naval.

Publicado mediante acordo com Magrathea, Inc. em conjunto com seus agentes devidamente nomeados 2 Seas Literary Agency e Villas-Boas & Moss Agência Literária.

TÍTULO ORIGINAL
The Almanack of Naval Ravikant

PREPARAÇÃO
Gabriela Peres

REVISÃO
Rayssa Galvão
Ana Cristina Gonçalves

ADAPTAÇÃO DE CAPA E PROJETO E DIAGRAMAÇÃO
Ligia Barreto | Ilustrarte Design

DESIGN DE CAPA
Scribe Media

CIP-BRASIL. CATALOGAÇÃO NA PUBLICAÇÃO
SINDICATO NACIONAL DOS EDITORES DE LIVROS, RJ

J71a

    Jorgenson, Eric, 1994-

        O almanaque de Naval Ravikant / Eric Jorgenson ; tradução Paula Diniz. - 1. ed. - Rio de Janeiro : Intrínseca, 2022.
    240 p. ; 21 cm.

    Tradução de: The almanack of Naval Ravikant
    ISBN 978-65-5560-550-1

    1. Ravikant, Naval, 1974-. 2. Investimentos. 3. Riqueza. 4. Felicidade. 5. Sucesso nos negócios. I. Diniz, Paula. II. Título.

21-74271   CDD: 332.024
                                                                                 CDU: 330.567.2

Meri Gleice Rodrigues de Souza - Bibliotecária - CRB-7/6439

[2022]
Todos os direitos desta edição reservados à
EDITORA INTRÍNSECA LTDA.
AV. DAS AMÉRICAS, 500, BLOCO 12, SALA 303
22640-904 – Barra da Tijuca
Rio de Janeiro — RJ
Tel./Fax: (21) 3206-7400
www.intrinseca.com.br

AOS MEUS PAIS, QUE ME DERAM TUDO E SEMPRE PARECEM ENCONTRAR UMA FORMA DE DAR MAIS.

SUMÁRIO

NOTAS IMPORTANTES SOBRE ESTE LIVRO (RESSALVAS) 9
PREFÁCIO 13
NOTA DE ERIC (SOBRE ESTE LIVRO) 17
LINHA DO TEMPO DE NAVAL RAVIKANT 21
AGORA, NAS PALAVRAS DE NAVAL... 23

PARTE I: RIQUEZA
CONSTRUA RIQUEZA 29
    Entenda como a riqueza é criada 30
    Busque e desenvolva conhecimentos específicos 39
    Negocie a longo prazo com pessoas que pensam a longo prazo 46
    Assuma a responsabilidade 49
    Monte ou compre ativos de uma empresa 51
    Encontre uma posição para alavancar 54
    Seja pago pelo seu discernimento 66
    Priorize e foque 68
    Encontre um trabalho que pareça diversão 75
    Como ter sorte 81
    Seja paciente 86

DESENVOLVA DISCERNIMENTO 91
    Discernimento 92
    Como pensar com clareza 93
    Abandone sua identidade para ver a realidade 99
    Aprenda as habilidades de tomada de decisão 101
    Colecione modelos mentais 104
    Aprenda a amar ler 112

PARTE II: FELICIDADE
APRENDA A SER FELIZ 125
    A felicidade se aprende 126
    A felicidade é uma escolha 131
    A felicidade requer presença 132
    A felicidade requer paz 133
    Cada desejo é uma infelicidade escolhida 135
    O sucesso não traz felicidade 137
    A inveja é inimiga da felicidade 141
    A felicidade é fruto de hábitos 143
    Encontre felicidade na aceitação 150

SALVE A SI MESMO 155
    Escolha ser você mesmo 156
    Escolha cuidar de si mesmo 158
    Meditação + força mental 165
    Escolha construir a si mesmo 176
    Escolha crescer 181
    Escolha se libertar 185

FILOSOFIA 191
    Os sentidos da vida 192
    Viva de acordo com seus valores 194
    O budismo racional 197
    O presente é tudo o que temos 200

BÔNUS
RECOMENDAÇÕES DE LEITURA POR NAVAL 205
    Livros 206
    Outras recomendações 220
OS ESCRITOS DE NAVAL 223
NAVAL E O QUE VEM A SEGUIR 227
AGRADECIMENTOS 229
FONTES 233

NOTAS IMPORTANTES SOBRE ESTE LIVRO (RESSALVAS)

Desenvolvi o Navalmanaque inteiramente com base em transcrições, tuítes e conversas compartilhadas por Naval. Foi uma tentativa de apresentar Naval usando suas próprias palavras. No entanto, há alguns pontos importantes.

- → As transcrições foram (diversas vezes) editadas para aumentar a clareza e a brevidade.
- → Nem todas as fontes são primárias (alguns trechos são de outros escritores que citam Naval).
- → Não posso ter 100% de certeza da autenticidade de todas as fontes.
- → Os conceitos e as interpretações mudam de acordo com o tempo, meio e contexto.
- → Verifique sempre as frases em uma fonte primária antes de citar Naval a partir deste texto.
- → **Por favor, interprete com generosidade.**

Por definição, cada palavra neste livro foi tirada de contexto. Com o tempo — como é de se esperar — as interpretações vão mudar. Por isso, leia e interprete tudo com generosidade. Tenha em mente que, em um momento, meio, formato e contexto diferentes, a intenção original pode ter sido distinta da sua interpretação.

Durante o processo de criação deste livro, posso ter recontextualizado, interpretado ou entendido alguns pontos de maneira equivocada. Como o conteúdo não escapa do crivo do tempo, espaço e meio, algumas frases podem ter mudado de sentido. Houve um grande esforço para manter a intenção original, mas é (bem) possível que haja erros.

As entrevistas foram transcritas, editadas, reorganizadas e reeditadas a fim de facilitar a leitura. Fiz tudo o que foi possível para manter as ideias de Naval em concordância com suas próprias palavras.

Todo o esplendor deste livro é mérito de Naval; quaisquer possíveis erros são de minha responsabilidade.

TUÍTES E THREADS

Os tuítes são formatados como citações-chave, mas são conteúdos exclusivos. Eu os uso para resumir ou pontuar uma ideia do texto principal.

> Este formato mostra que estou citando um tuíte.

As threads são tuítes interligados, formatados assim:

> Este é o primeiro tuíte de uma thread.
>
> ↓
>
> Este é o segundo tuíte. As threads são sequências mais longas de tuítes interligados, semelhantes a um post em um blog.

PERGUNTAS EM NEGRITO

Muitos trechos foram retirados de entrevistas de criadores fantásticos como Shane Parrish, Sarah Lacy, Joe Rogan e Tim Ferriss. As perguntas estão em negrito. Para simplificar e manter a continuidade, não diferencio um entrevistador do outro.

NÃO SE TRATA DE UMA NARRATIVA

Este é um livro em que você escolhe o percurso. Concentre-se no que chamar a sua atenção e pule tudo o que não interessar.

CONSULTE E PESQUISE

Se encontrar uma palavra ou um conceito com o qual não esteja familiarizado, consulte e pesquise. Ou continue lendo para ter mais contexto. Algumas ideias que aparecem no começo são mais bem exploradas mais adiante neste livro.

CITAÇÕES

As citações (como [1]) indicam o fim de um trecho. Fiz o possível para manter o mínimo de contextualização e tornar a leitura agradável. Consulte a referência das fontes no apêndice. Algumas aparecem diversas vezes, e elas não estão em ordem.

PREFÁCIO

POR TIM FERRISS

Caro(a) leitor(a),

É estranho assumir essa função, pois há muitos anos me comprometi a nunca escrever prefácios.

Estou abrindo uma rara exceção neste caso por três motivos. Primeiro porque uma versão gratuita deste livro está sendo oferecida ao mundo em um formato digital/Kindle/e-book, sem restrições. Segundo porque conheço Naval há mais de uma década e há muito tempo queria que alguém compilasse este livro. E, por fim, porque aumento a probabilidade de o próximo filho de Naval se chamar "Tim" (vou me contentar com "Timbo", se ele preferir).

Naval é uma das pessoas mais inteligentes que já conheci e também uma das mais corajosas. Não no sentido de "correr em direção ao fogo sem pensar duas vezes", mas no sentido de "pensar duas vezes e depois dizer que todos estão se concentrando no fogo errado". Ele raramente integra qualquer consenso, e a singularidade de sua vida, de seu estilo de vida, de sua dinâmica familiar e do sucesso de suas start-ups são um reflexo das escolhas conscientes que ele fez para realizar as coisas de maneira diferente.

Naval pode ser direto como um soco na cara, mas isso faz parte do que eu amo e respeito nele: nunca preciso adivinhar o que está pensando. Nunca tive que adivinhar o que ele acha de mim, de outra pessoa ou de determinada situação. Trata-se de um grande alívio, em um mundo repleto de ambiguidade e conversa fiada.

Fizemos muitas refeições juntos, compartilhamos muitos negócios e viajamos pelo mundo na companhia um do outro. Tudo isso é para dizer que, embora eu me considere um bom observador de pessoas, acho que sou um excelente observador de Naval. Ele é uma das pessoas para quem eu mais ligo em busca de conselhos, e o acompanhei em muitos hábitos e durante inúmeras situações: tempos fáceis, difíceis, recessões, booms — pode chamar do que quiser.

Claro, ele é o CEO e cofundador do AngelList. Claro, foi cofundador do Vast.com e do Epinions, que se tornaram públicos como parte do Shopping.com. Claro, ele é um investidor-anjo e empregou recursos em muitos megassucessos, incluindo Twitter, Uber, Yammer e OpenDNS, apenas para citar alguns.

Isso é ótimo, claro, e mostra que Naval é um dos melhores operadores do mundo, e não um filósofo de sofá.

Mas não é por causa dos negócios que levo suas perspectivas, máximas e pensamentos a sério. Existem muitas pessoas medíocres e "bem-sucedidas" por aí. Tenha cuidado ao se espelhar nelas, já que terá o pacote completo – as coisas boas e as ruins.

Eu levo Naval a sério porque ele:

- → Questiona quase tudo
- → Consegue pensar a partir de princípios básicos
- → Testa bem as coisas
- → É bom em não se deixar enganar
- → Muda de ideia com frequência
- → Ri bastante
- → Pensa de forma holística
- → Pensa a longo prazo
- → E... não se leva muito a sério

Esse último ponto é muito importante.

Este livro será uma boa amostra de como esses *bullets* funcionam na cabeça de Naval.

Portanto, preste atenção, mas não simplesmente repita as palavras dele. Siga os conselhos de Naval, mas apenas se, após um exame minucioso e um teste de estresse em sua própria vida, ainda fizerem sentido. Considere todas as mensagens, mas não as tome como verdades absolutas. Naval quer ser desafiado, mas você precisa mostrar seu melhor desempenho.

Naval mudou a minha vida para melhor, e, se você encarar as páginas a seguir como um parceiro de treino amigável, mas altamente competente, é provável que ele também mude a sua.

Assuma seus erros e mantenha a mente aberta.

Pura Vida,
Tim Ferriss
Austin, Texas

NOTA DE ERIC (SOBRE ESTE LIVRO)

Ao longo de sua carreira, Naval foi muito generoso em compartilhar sua sabedoria, e milhões de pessoas em todo o mundo seguem seus conselhos sobre como construir riqueza e levar uma vida feliz.

No mundo todo, Naval Ravikant é considerado um ícone do Vale do Silício e da cultura de start-ups. Ele fundou várias empresas de sucesso (a Epinions, durante o estouro da bolha da internet em 2000, a AngelList, em 2010). Naval também é um investidor-anjo e apostou desde o início em empresas como Uber, Twitter, Postmates e centenas de outras.

Mais do que um sucesso financeiro, Naval vem compartilhando sua própria filosofia de vida e felicidade, atraindo leitores e ouvintes de todos os cantos. Ele conquistou uma gama enorme de seguidores porque é uma rara combinação de sucesso e felicidade. Após uma vida inteira de estudo e aplicação de filosofia, economia e criação de riquezas, Naval já mais do que comprovou o impacto de seus princípios.

Hoje, Naval continua montando empresas e investindo nelas quase que de forma despretensiosa, do seu jeito artístico, enquanto mantém uma vida saudável, tranquila e equilibrada. Além de coletar e organizar as pérolas de sabedoria que ele compartilhou, este livro mostra como você pode fazer o mesmo.

A história de vida de Naval é instrutiva. Fundador introspectivo, investidor autodidata, empresário e engenheiro, ele certamente tem algo a ensinar a todos nós.

Os pensamentos de Naval costumam ser únicos e instigantes, já que ele é um pensador de princípios básicos e não tem medo de falar aquilo em que acredita. Seu instinto de enxergar a vida através das aparências mudou a forma como vejo o mundo.

Aprendi muito com Naval. Ao ler, ouvir e aplicar seus princípios de riqueza e felicidade, conquistei confiança e tranquilidade para trilhar meu caminho e aprendi a aproveitar cada momento dessa jornada. Ao estudar com atenção sua carreira, pude perceber como coisas grandiosas são realizadas por meio de pequenos passos persistentes e descobri o tamanho do impacto que um indivíduo pode ter.

Sempre cito o trabalho de Naval e o recomendo aos amigos. Essas conversas me inspiraram a criar este livro, de forma que as pessoas possam aprender a partir da perspectiva de Naval, não importa se o acompanham há dez anos ou se ainda não estão familiarizadas com as suas ideias.

Este livro reúne a sabedoria que Naval compartilhou na última década, em suas próprias palavras, por meio do Twitter, de postagens em blogs e de podcasts. Em algumas horas, esta obra pode lhe proporcionar os benefícios de uma vida inteira.

Criei este livro para ser distribuído gratuitamente. Tuítes, podcasts e entrevistas caem rápido no esquecimento e somem. Um conhecimento tão valioso merece um formato mais permanente e acessível. Essa é a minha missão com este livro.

Espero que a obra sirva como uma introdução às ideias de Naval. Juntei as mais poderosas e úteis, que reproduzi fielmente nas palavras dele, tecendo-as em threads ou sequências legíveis e organizando-as em seções, para facilitar a consulta.

Muitas vezes me pego relendo seções deste livro antes de fazer um investimento ou, se estiver para baixo, abro o capítulo sobre felicidade. Criar este livro provocou uma mudança em mim. Sinto mais clareza, confiança e paz em relação a todos os aspectos da vida. Espero que a leitura tenha o mesmo efeito em você.

O *Almanaque* se destina a ser um guia para ler e consultar sobre temas específicos. Se Naval não responder aos seus e-mails, espero que este livro sirva como a segunda melhor alternativa para buscar os conselhos dele.

Este livro é uma introdução a Naval e traz uma apresentação abrangente dos seus dois tópicos mais explorados: riqueza e felicidade. Se quiser continuar explorando Naval e suas outras ideias, sugiro que confira a seção "Naval e o que vem a seguir" no fim da obra. Compartilhei capítulos que foram retirados da edição final do livro, bem como outros recursos populares.

Fique bem,
Eric

LINHA DO TEMPO DE NAVAL RAVIKANT

- → 1974 – Nasceu em Délhi, na Índia
- → 1985 – 9 anos – Mudou-se de Nova Délhi para o Queens, em Nova York
- → 1989 – 14 anos – Frequentou a Stuyvesant High School
- → 1995 – 21 anos – Formou-se na Faculdade Dartmouth (cursou ciência da computação e economia)
- → 1999 – 25 anos – Fundador/CEO da Epinions
- → 2001 – 27 anos – Parceiro de risco na August Capital
- → 2003 – 29 anos – Fundou o Vast.com, um site de classificados
- → 2005 – 30 anos – É chamado de "Lama Radioativa" no Vale do Silício
- → 2007 – 32 anos – Fundou o Hit Forge, um pequeno fundo de capital de risco concebido como uma incubadora de start-ups.
- → 2007 – 32 anos – Lançou o blog VentureHacks
- → 2010 – 34 anos – Lançou o AngelList
- → 2010 – 34 anos – Investiu na empresa Uber
- → 2012 – 36 anos – Pressionou o Congresso para aprovar a Lei JOBS
- → 2018 – 43 anos – Foi eleito "Investidor-anjo do Ano"

AGORA, NAS PALAVRAS DE NAVAL...

ORIGEM E FORMAÇÃO

Eu e meu irmão crescemos sem a presença do nosso pai, e nossa mãe trabalhava, estudava e criava nós dois, que acabávamos ficando muito tempo sozinhos em casa. Passamos a ser autossuficientes desde cedo. Enfrentamos muitas dificuldades, mas todos passam por esse tipo de situação. Isso me ajudou de várias maneiras.

Éramos imigrantes pobres. Meu pai, que era farmacêutico na Índia, foi para os Estados Unidos, mas não teve o diploma reconhecido no país, então começou a trabalhar em uma loja de ferragens. Não foi uma educação boa, sabe. Minha família se separou. [47]

Apesar de todas as adversidades, minha mãe nos proporcionou um amor único, incondicional e inabalável. Se você não tem nada na vida, mas tem pelo menos uma pessoa que o ama incondicionalmente, isso fará maravilhas para a sua autoestima. [8]

Morávamos em uma região não muito segura da cidade de Nova York. Basicamente, a biblioteca era o meu refúgio depois da aula. Voltando da escola, eu ia direto para a biblioteca e ficava lá até fechar. Só depois ia para casa. Essa era minha rotina. [8]

Nós nos mudamos para os Estados Unidos quando éramos bem pequenos. Eu tinha poucos amigos, então não era muito confiante. Eu lia muito. Meus únicos amigos de verdade eram os livros. Livros são grandes amigos, porque é neles que os melhores pensadores dos últimos milhares de anos nos revelam suas pérolas de sabedoria. [8]

Meu primeiro emprego foi aos quinze anos em uma empresa ilegal de bufê. Eu ficava nos fundos da van entregando comida indiana. Quando era ainda mais jovem, fui entregador de jornais e lavava pratos em uma lanchonete.

Eu era um garoto totalmente desconhecido em Nova York, de uma família que não tinha nada, vivendo em uma situação em que "imigrantes tentam sobreviver". Então, passei na prova para o ensino médio na Stuyvesant High School. Isso salvou a minha vida, porque depois de conseguir a marca Stuyvesant no meu currículo escolar, entrei em uma faculdade da Ivy League, o que me levou à área de tecnologia. Stuyvesant é uma daquelas situações de loteria de inteligência em que, assim que se entra, a validação é instantânea. Em uma jogada, os dias de subemprego ficam para trás. [71]

Em Dartmouth, concluí os cursos de economia e ciência da computação. Houve um tempo em que eu pensava que seria doutor em economia. [8]

Hoje em dia, sou investidor em cerca de duzentas empresas. Atuo como conselheiro em uma porção delas. Faço parte de um monte de conselhos. Também sou sócio minoritário de um fundo de criptomoedas; estou muito interessado no potencial delas. Estou sempre inventando algo novo. Sempre tenho diversos projetos paralelos. [4]

Tudo isso, é claro, além de ser o fundador e presidente da AngelList. [4]

Nasci pobre e miserável. Agora estou bem de vida e muito feliz. Eu trabalhei nesses quesitos.

Aprendi algumas coisas e alguns princípios. Tento apresentá-los de maneira atemporal, de modo que possa descobri-los sozinho. Porque, no fim das contas, não sou capaz de ensinar nada. Só posso servir de inspiração e talvez mostrar alguns macetes para que você se lembre. [75]

> Ao vivo, no Twitter, este é Naval (aplausos...)
>
> Em 18 de maio de 2007

PARTE I

RIQUEZA

Como ficar rico sem precisar ter sorte.

I CONSTRUA RIQUEZA

> Ganhar dinheiro não é uma atividade, é uma habilidade que se aprende.

ENTENDA COMO A RIQUEZA É CRIADA

Gosto de pensar que, se eu perdesse todo o meu dinheiro e você me deixasse em uma rua aleatória de qualquer país onde se fala inglês, em cinco ou dez anos eu estaria rico de novo, porque ganhar dinheiro é apenas um conjunto de habilidades que desenvolvi e que qualquer um pode ter. [76]

A questão não é o trabalho árduo. Você pode trabalhar em um restaurante oitenta horas por semana, mas não vai ficar rico. Ficar rico é saber o que fazer, com quem e quando. Tem muito mais a ver com compreensão do que simplesmente trabalho duro. Sim, o trabalho árduo é importante, e você não pode fazer corpo mole. Mas tem que ser direcionado da maneira correta.

Se você ainda não sabe no que deve trabalhar, o mais importante é descobrir logo. Não devemos nos esforçar muito até encontrarmos a atividade certa.

Desenvolvi os princípios desta thread (abaixo) para mim mesmo quando eu era muito jovem, com treze ou quatorze anos. Faz trinta anos que os trago na cabeça e vivo com base em cada um deles. Com o tempo (feliz ou infelizmente), eu me tornei muito bom em olhar para empresas e descobrir o ponto de alavancagem máxima para de fato criar riqueza e capturar parte dessa riqueza criada.

Esse era exatamente o tema da minha famosa thread. Claro, cada um desses tuítes pode se transformar em uma hora de conversa. A thread a seguir é um bom ponto de partida. O intuito por trás das threads é ser bem conciso, apesar da abundância de informações, ter alto impacto e ser atemporal. Elas contêm todas as informações e princípios; portanto, se você absorver as informações e trabalhar arduamente por dez anos, conseguirá o que deseja. [75]

Como ficar rico (sem precisar ter sorte):

↓

Busque riqueza, não dinheiro ou status. Riqueza é ter ativos que rendem enquanto você dorme. Dinheiro representa a forma como transferimos tempo e riqueza. Status é o lugar que você ocupa na hierarquia social.

↓

Entenda que a criação da riqueza ética é possível. Se você secretamente a despreza, a riqueza lhe escapará.

↓

Ignore quem participa de disputas por status. Essas pessoas conquistam status ao atacar quem prefere se dedicar à criação de riqueza.

↓

Você não vai ficar rico alugando o seu tempo, como assalariado. É preciso ter uma participação societária — uma parte de um negócio — para obter a liberdade financeira.

↓

Você ficará rico dando à sociedade o que ela deseja e ainda não sabe como conseguir. Em grande escala.

↓

Escolha um setor no qual você possa atuar a longo prazo com pessoas que pensam a longo prazo.

A internet ampliou muito o espaço de crescimento potencial das carreiras. A maioria das pessoas ainda não percebeu isso.

↓

Participe de ações reiteradas. Todos os retornos na vida, seja em riqueza, relacionamentos ou conhecimento, provêm de juros compostos.

↓

Escolha parceiros de negócios com muita inteligência, energia e, acima de tudo, integridade.

↓

Não firme parceria com céticos e pessimistas. As crenças deles só trazem satisfação para eles mesmos.

↓

Aprenda a vender. Aprenda a construir. Se você souber fazer os dois, ninguém poderá detê-lo.

↓

Arme-se de conhecimento específico, responsabilidade e alavancagem.

↓

Conhecimento específico é aquele para o qual não se pode ser treinado. Se a sociedade pode treinar você, pode fazer o mesmo com outra pessoa e substituí-lo.

↓

O conhecimento específico é alcançado na busca por seus interesses e paixões genuínos, e não no que está na moda.

↓

Desenvolver conhecimento específico vai parecer uma diversão para você, mas passa a impressão de trabalho para os outros.

↓

Conhecimento específico se aprende na prática, não na escola.

↓

Em geral, o conhecimento específico é altamente técnico ou criativo. Não pode ser terceirizado ou automatizado.

↓

Assuma a responsabilidade e os riscos dos negócios. A sociedade vai recompensá-lo com responsabilidade, lucro e alavancagem.

↓

"Dê-me uma alavanca longa o suficiente e um ponto de apoio, e moverei o mundo." — Arquimedes

↓

Fortunas exigem alavancagem. A alavancagem dos negócios provém de capital, pessoas e produtos sem custo marginal de replicação (programação e mídia).

↓

Capital significa dinheiro. Para arrecadar dinheiro, aplique seu conhecimento específico com responsabilidade e mostre o resultado conquistado com seu bom discernimento.

↓

Mão de obra significa pessoas trabalhando para você. É a forma mais antiga e disputada de alavancagem e pode até impressionar seus pais, mas não desperdice a vida atrás disso.

↓

Capital e mão de obra são alavancagens que exigem permissão. Todo mundo busca capital, mas é preciso que alguém invista em você. Todos tentam liderar, mas você precisa de seguidores.

↓

Programação e mídia são alavancagens que não exigem permissão. São a alavancagem que está por trás dos novos-ricos. Você pode criar software e mídia que façam o trabalho enquanto você dorme.

↓

Um exército de robôs está disponível gratuitamente, guardado em centros de processamento de dados que os protegem contra o calor e por questões de espaço. Utilize esses robôs.

↓

Se você não sabe programar, escreva livros e poste em blogs, grave vídeos e podcasts.

↓

A alavancagem é um multiplicador de força para o seu discernimento.

↓

O discernimento requer experiência, mas pode ser construído mais depressa com base no aprendizado de habilidades fundamentais.

↓

Não existe nenhuma habilidade chamada "negócios". Evite revistas e aulas de negócios.

↓

Estude microeconomia, teoria dos jogos, psicologia, persuasão, ética, matemática e computação.

↓

Ler é mais rápido do que ouvir. Fazer é mais rápido do que assistir.

↓

Você deve estar ocupado demais para conseguir "fazer café" e ainda manter espaço na agenda.

↓

Defina e aplique um valor ambicioso para a sua hora de trabalho. Se resolver um problema vai gerar uma economia menor do que o valor estipulado, melhor deixar para lá. Se terceirizar a tarefa vai custar menos do que o seu valor por hora, terceirize-a.

↓

Trabalhe o máximo que puder, ainda que a sua atividade e as pessoas com quem você a compartilha sejam mais importantes do que a intensidade do trabalho em si.

↓

Torne-se o melhor do mundo naquilo que faz. Continue redefinindo o que faz até que isso se torne verdade.

↓

Não existem métodos de enriquecimento rápido. São apenas planos para alguém enriquecer à sua custa.

↓

Ponha conhecimentos específicos em prática, empenhando sua alavancagem, e vai acabar conseguindo o que merece.

↓

Quando finalmente estiver rico, você vai perceber que, na verdade, nem era isso que você estava buscando. Mas isso é assunto para outro dia. [11]

Resumo: Produtize você mesmo

O resumo diz "Produtize você mesmo" — o que isso significa?

"Produtize" e "você mesmo". "Você mesmo" demonstra exclusividade. "Produtize" demonstra alavancagem. "Você mesmo" mostra responsabilidade. "Produtize" mostra conhecimentos específicos, mas também há conhecimentos específicos embutidos em "Você mesmo". Portanto, é possível combinar tudo isso nessas três palavras.

Se você tem a meta a longo prazo de ficar rico, deve se perguntar: "Isso é algo autêntico para mim? É uma escolha minha que estou projetando?". E, depois, se indagar: "Vou produtizar isso? Vou escalonar isso? Vou escalonar com trabalho ou com capital, com programação ou mídia?". Trata-se, portanto, de um mnemônico muito prático e simples. [76]

É uma tarefa difícil. É por isso que digo que leva décadas — não estou afirmando que leva décadas para o plano ser executado, mas é possível levar a maior parte de uma década tentando descobrir aquilo que apenas você pode fornecer. [10]

Qual é a diferença entre riqueza e dinheiro?

Dinheiro tem a ver com a forma como transferimos riqueza. Dinheiro é crédito social. É a capacidade de ter créditos e débitos do tempo de outras pessoas.

Se eu fizer meu trabalho direito, se eu criar valor para a sociedade, a resposta será: "Ah, obrigada. Nós lhe devemos algo no futuro pelo trabalho que você fez no passado. Aqui está um vale. Vamos chamá-lo de dinheiro." [76]

A riqueza é o que você deseja. Riqueza são ativos que rendem lucros enquanto você dorme. A riqueza é a fábrica, os robôs, a produção rápida. A riqueza é o programa de computador que funciona à noite, atendendo a outros clientes. A riqueza é até o dinheiro no banco que está sendo reinvestido em outros ativos e em outros negócios.

Até mesmo uma casa pode constituir uma forma de riqueza, porque você pode alugá-la, embora provavelmente seja um uso de propriedade menos produtivo do que algum empreendimento comercial.

Portanto, a minha definição de riqueza está na verdade relacionada com negócios e ativos com os quais você pode lucrar enquanto dorme. [76]

> A tecnologia democratiza o consumo, mas consolida a produção. A melhor pessoa do mundo no que quer que seja faz algo para todos.

A sociedade vai pagar você para que crie as coisas que ela deseja. Mas a sociedade ainda não sabe como criá-las, porque, se soubesse, não precisaria de você. As coisas já estariam esgotadas.

Em dado momento, quase tudo na nossa casa, no local de trabalho e na rua já foi tecnologia. Houve uma época em que o petróleo era uma tecnologia que enriqueceu J. D. Rockefeller. Houve uma época em que os carros eram a tecnologia que enriqueceu Henry Ford.

Então a tecnologia é o conjunto de coisas, como disse Danny Hilis, que ainda não funcionam muito bem. Quando algo funciona, já não é mais tecnologia. A sociedade sempre quer coisas novas. Se você quer ser rico, precisa tentar descobrir o que a sociedade deseja, mas não sabe como obter — considerando que isso seja natural para você, dentro do seu conjunto de habilidades e capacidades.

Em seguida, será preciso encontrar uma forma de escalonar essa produção, porque construir apenas uma unidade não será suficiente. Será necessário construir milhares, ou centenas de milhares, ou milhões, ou bilhões desses itens para que todos possam ter um. Steve Jobs (e, claro, a equipe dele) descobriu que a sociedade iria querer smartphones. Um computador portátil com cem vezes mais recursos do que um telefone e fácil de usar. Então, descobriu como construí-lo e, em seguida, como escaloná-lo. [76]

TORNE-SE O MELHOR DO MUNDO NAQUILO QUE FAZ.

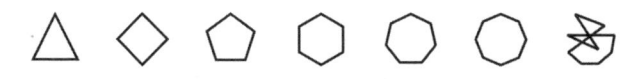

△ ◇ ⬠ ⬡ ⬢ ◯ ✦

CONTINUE REDEFININDO O QUE VOCÊ FAZ ATÉ QUE SE TORNE VERDADE.

BUSQUE E DESENVOLVA CONHECIMENTOS ESPECÍFICOS

Habilidades em vendas são um tipo de conhecimento específico.

Existe o "talento" em vendas. Esbarramos o tempo todo com isso em start-ups e empresas de capital de risco. Quando conhecemos quem tem talento para vendas, sabemos que são pessoas incríveis. São realmente boas no que fazem. Esse é um tipo de conhecimento específico.

Obviamente, essas pessoas aprenderam em algum lugar, mas não em uma sala de aula. É provável que tenham aprendido na infância, no pátio da escola, ou quando negociavam com os pais. Talvez tenha a ver com um componente genético no DNA.

Mas você pode melhorar suas habilidades em vendas. Você pode ler Robert Cialdini, assistir a um seminário de treinamento de vendas, vender de porta em porta. É complicado, mas será um treinamento rápido. Sem dúvida, é possível melhorar sua habilidade de vendedor.

> Conhecimentos específicos não podem ser ensinados, mas podem ser aprendidos.

Quando falo sobre conhecimentos específicos, eu me refiro a tentar descobrir o que você fazia quase sem esforço quando era criança ou adolescente. Algo que você nem considerava uma habilidade, mas que as pessoas ao redor percebiam. A sua mãe ou o seu melhor amigo na infância e adolescência vão saber dizer.

Alguns exemplos de quais poderiam ser seus conhecimentos específicos:

→ Habilidades de vendas
→ Talento musical, com capacidade de aprender a tocar qualquer instrumento
→ Ter uma personalidade obsessiva: você mergulha nas coisas e as memoriza rápido
→ Ser apaixonado por ficção científica: você gosta de ler ficção científica, o que significa que absorve muito conhecimento de forma bem rápida
→ Passar muito tempo envolvido com jogos diversos, então você entende muito bem a teoria dos jogos
→ Fofocar, se inteirar da situação de sua rede de amigos. Isso pode torná-lo um jornalista muito interessante

O conhecimento específico é uma espécie de combinação estranha de características únicas do seu DNA, da educação que recebeu e da sua resposta a isso. Está quase embutido na sua personalidade e identidade. E aí é possível aprimorar.

> Ninguém é capaz de competir com você no quesito ser você.
>
> A maior parte da vida está relacionada a uma busca por quem e o que precisa mais de você.

Por exemplo, adoro ler e amo tecnologia. Aprendo muito rápido e fico entediado depressa. Se eu tivesse uma profissão em que fosse obrigado a me aprofundar no mesmo assunto por vinte anos, não teria funcionado. Atuo na área de capital de risco, o que exige que eu me familiarize muito rapidamente com novas tecnologias (e sou recompensado por ficar entediado, pois novas tecnologias sempre aparecem). Isso combina muito bem com o meu conhecimento específico e o meu conjunto de habilidades. [10]

Eu queria ser cientista. É daí que vem grande parte da minha hierarquia moral. Na minha opinião, os cientistas estão no topo da cadeia produtiva da humanidade. Penso que os cientistas que fizeram descobertas e contribuições reais provavelmente contribuíram mais para a sociedade do que qualquer outra classe de seres humanos. Não é minha intenção menosprezar a relevância da arte, da política, da engenharia ou dos negócios, mas, sem a ciência, ainda estaríamos nos arrastando na terra, lutando com gravetos e tentando fazer fogo.

> Sociedade, negócios e dinheiro estão a favor da corrente da tecnologia, que, por sua vez, está a favor da ciência. A ciência

> aplicada é o motor da humanidade. Corolário: Cientistas dedicados são as pessoas mais poderosas do mundo. Isso se tornará mais evidente nos próximos anos.

Construí todo o meu sistema de valores em torno de cientistas, e eu queria ser um grande cientista. Mas, quando olho para trás e penso naquilo em que era excepcionalmente bom e no que acabei dedicando o meu tempo, noto uma relação maior com ganhar dinheiro, mexer com tecnologia e vender coisas às pessoas, explicar tudo e conversar com elas.

Tenho algumas habilidades de vendedor, o que é um tipo de conhecimento específico. Tenho algumas habilidades analíticas em relação a como ganhar dinheiro. E tenho certa capacidade de absorver dados, ficar obcecado por eles e compartilhá-los — essa é uma habilidade específica minha. Também adoro mexer com tecnologia. Todas essas coisas parecem diversão para mim, mas para outros vai dar a impressão de que é trabalho.

Essas coisas podem ser mais difíceis para outras pessoas, que perguntariam: "Como ser mais incisivo e vender ideias?". Ora, se você não é bom nisso ou nem gosta muito, talvez não seja o seu dom — concentre-se no que você realmente gosta.

A primeira pessoa a apontar meu conhecimento específico foi minha mãe. Isso aconteceu quando eu tinha uns quinze ou dezesseis anos. Estava comentando com um amigo que eu queria ser astrofísico, e, da cozinha, em tom baixo, minha mãe soltou: "Não, você vai para o ramo de negócios". Eu fiquei, tipo: "Quê? Minha mãe está me dizendo que eu vou entrar no mundo dos negócios? Eu vou ser astrofísico. Minha mãe não sabe do que está falando". Mas ela sabia exatamente do que estava falando. [76]

É mais fácil encontrar conhecimentos específicos buscando nossos talentos inatos, nossa curiosidade e paixão genuínas. Isso não acontece quando primeiro frequentamos a escola para só então procurar o melhor emprego ou quando partimos para a área que os investidores considerem mais em alta.

Muitas vezes, o conhecimento específico está no limiar do conhecimento. Também são coisas que só agora estão sendo descobertas ou que são bem difíceis de descobrir. Se você não estiver 100% focado, será superado por alguém que está. E essa pessoa não vai apenas superá-lo um pouco: vai passar muito à frente, porque agora estamos operando no domínio das ideias, em que os juros compostos e a alavancagem de fato se aplicam. [76]

> A internet ampliou enormemente o espaço em potencial das carreiras. A maioria das pessoas ainda não percebeu isso.

Você pode acessar a internet e encontrar o seu público. E pode montar um negócio, criar um produto, construir riqueza e fazer as pessoas felizes simplesmente ao se expressar de forma única por meio da internet. [76]

A internet possibilita qualquer nicho de interesse, desde que você seja a melhor pessoa para escalonar aquilo. E a boa notícia é que todo ser humano é diferente. Todo mundo é o melhor em uma coisa: em ser você mesmo.

Outro tuíte que publiquei e que vale a pena mencionar, mas que acabou não entrando na thread de "Como ficar rico", era muito simples: "Seja autêntico e fuja da competição". Basicamente, quando competimos com alguém, é porque estamos copiando o outro. É porque estamos tentando fazer a mesma coisa. Mas cada ser humano é diferente. Não copie. [76]

Se você está, fundamentalmente, construindo e comercializando algo que é uma extensão de quem você é, não terá nenhuma competição nesse quesito. Quem vai competir com Joe Rogan ou Scott Adams? É impossível. Alguém mais vai aparecer e escrever *Dilbert* melhor do que Scott? Não. Alguém vai competir com Bill Watterson e criar uma tirinha de *Calvin e Haroldo* melhor que a dele? Não. Eles estão sendo autênticos. [76]

> Os melhores empregos não dependem de leis nem de títulos acadêmicos. São expressões criativas de quem está sempre aprendendo em mercados livres.

A habilidade mais importante para ficar rico é passar a vida toda sendo um aprendiz. Você tem que saber como aprender tudo o que quiser. O velho modelo de ganhar dinheiro consiste em frequentar a faculdade por quatro anos, formar-se e trabalhar como profissional por trinta anos. Porém, as coisas mudam rápido. Hoje em dia, passamos nove meses nos preparando para uma nova profissão e, quatro anos depois, ela já está obsoleta. Ainda assim, dá para ficar muito rico durante esses três anos produtivos.

É muito mais importante ser capaz de se tornar especialista em uma área nova em nove a doze meses do que ter estudado a coisa "certa" há muito tempo. Quando nos preocupamos em estudar os fundamentos, não há por que temer livro algum. Se você for à biblioteca e encontrar um livro que não entende, deve cavar lá no fundo e se perguntar: "Qual é o fundamento necessário para aprender isso?". Os fundamentos são muito importantes. [72]

A aritmética básica e o raciocínio matemático são muito mais importantes na vida do que fazer cálculos. Da mesma forma, ser capaz de se comunicar simplesmente usando palavras comuns no seu idioma é muito mais importante do que saber escrever poesia, ter um vocabulário extenso ou dominar sete idiomas estrangeiros diferentes.

Saber como ser persuasivo ao falar é muito mais relevante do que ser um especialista em marketing digital ou em otimização de mecanismos de busca. Os fundamentos são a chave de tudo. É muito melhor tirar 9/10 ou 10/10 em fundamentos do que tentar se aprofundar muito em temas específicos.

Você precisa estar profundamente envolvido em algo; caso contrário, será aquela pessoa que sabe de tudo um pouco, mas de forma rasa, e não conseguirá o que deseja da vida. Só podemos dominar uma ou duas coisas. Em geral, são coisas pelas quais estamos obcecados. [72]

TODAS AS RECOMPENSAS NA VIDA, SEJA EM RIQUEZA, RELACIONAMENTOS OU CONHECIMENTO, PROVÊM DE JUROS COMPOSTOS.

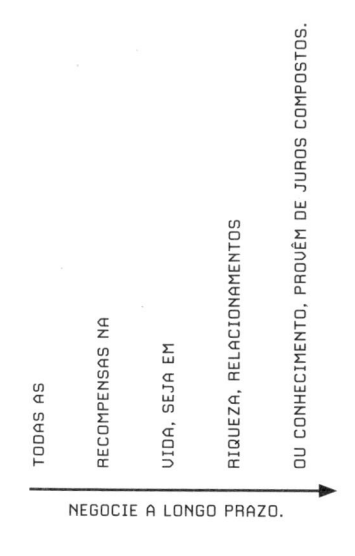

→ NEGOCIE A LONGO PRAZO.

NEGOCIE A LONGO PRAZO COM PESSOAS QUE PENSAM A LONGO PRAZO

Você disse: "Todas as recompensas na vida, seja em riqueza, relacionamentos ou conhecimento, provêm de juros compostos". Como saber se estamos lucrando com juros compostos?

O conceito de juros compostos é muito poderoso. Eles se aplicam a mais do que apenas multiplicar o capital. Multiplicar o capital é só o começo.

É muito importante capitalizar nas relações de negócios. Considere algumas das principais funções presentes na sociedade. Por que alguém é CEO de uma empresa pública ou administra bilhões de dólares? É porque tem a confiança das pessoas. E é confiável porque as relações que estabeleceu e o trabalho que realizou acabaram gerando capital. Quem ocupa essa posição se manteve nos negócios e se mostrou (de forma visível e responsável) uma pessoa bastante íntegra.

Os juros compostos também aparecem na nossa reputação. Se tivermos uma reputação excelente e continuarmos a construí-la por décadas e décadas, as pessoas vão perceber. A sua reputação acabará sendo literalmente milhares ou dezenas de milhares de vezes mais valiosa do que a de outra pessoa que era muito talentosa, mas não está conseguindo manter os juros compostos na reputação.

Isso também vale quando se está trabalhando com indivíduos. Se você trabalhou com alguém por cinco ou dez anos e ainda gosta de trabalhar com essa pessoa, é óbvio que confia nela, e os pontos fracos já ficaram para trás. Todas as negociações normais em relações comerciais podem funcionar de um jeito muito simples, porque há confiança mútua — as duas partes sabem que vai dar certo.

Por exemplo, no Vale do Silício, há outro investidor-anjo com quem gosto de fazer negócios. Trata-se de Elad Gil.

Adoro trabalhar com Elad porque sei que, quando o negócio estiver sendo fechado, ele vai se esforçar ao máximo para conseguir um extra para mim. Ele sempre vai tentar fazer um acordo em meu favor, se puder haver um dólar a mais em jogo. Se houver algum custo, ele vai pagar do próprio bolso e nem vai me contar. Como Elad se esforça tanto para me tratar tão bem, costumo passar para ele todos os negócios que tenho — tento incluí-lo em tudo. Dou o meu melhor para tentar compensar o esforço dele. O efeito dos juros compostos nesses relacionamentos é muito valioso. [10]

> Intenções não importam. Ações, sim. É por isso que ser ético é difícil.

Quando encontrar a coisa certa a fazer, quando encontrar as pessoas certas com quem trabalhar, invista com força total. Manter esse arranjo por décadas é de fato a forma como grandes retornos nas relações e no dinheiro são obtidos. Portanto, os juros compostos são muito importantes. [10]

> 99% do esforço é desperdiçado.

É óbvio que nada é totalmente desperdiçado, já que tudo passa a servir como um momento de aprendizagem. É possível aprender com qualquer coisa. Mas, por exemplo, analisando a época de escola, 99% dos trabalhos que entregamos, dos livros que lemos, dos exercícios que fizemos, das coisas que aprendemos, na realidade, não se aplicam. Você pode ter lido um artigo de geografia e história que depois nunca foi usado. Pode ter aprendido um idioma que não fala mais. Pode ter estudado um ramo da matemática que esqueceu completamente.

Claro, essas são experiências de aprendizagem. Você de fato aprendeu. Aprendeu o valor do trabalho árduo; talvez tenha aprendido algo que se entranhou profundamente na sua psique e se tornou parte do que você faz agora. Mas, pelo menos quando se trata de uma vida orientada por metas, apenas cerca de 1% dos seus esforços valeram a pena.

Outro exemplo são todas as pessoas com quem você namorou antes de conhecer seu marido ou esposa atual. Considerando o objetivo, foi uma perda de tempo. Não é um desperdício no sentido exponencial, não é desperdício no sentido do aprendizado, mas definitivamente é um desperdício no que diz respeito ao objetivo.

Não digo isso com o intuito de tecer um comentário superficial sobre como 99% da vida é desperdiçada e apenas 1% é útil. Digo isso porque devemos ponderar bastante e perceber que, na maioria das situações (relacionamentos, trabalho, até mesmo no aprendizado), o que estamos tentando fazer é encontrar aquilo em que podemos apostar tudo para lucrar com juros compostos.

Quando você está namorando, no instante em que percebe que a relação não vai dar em casamento, provavelmente deve cair fora. Quando estiver estudando algo, como uma matéria de geografia ou história, e perceber que nunca vai usar essas informações, abandone a aula. É uma perda de tempo. É um desperdício de energia para o cérebro.

Não estou dizendo para não fazer o correspondente a 99%, porque é muito difícil identificar o que é o 1%. O que estou dizendo é que, quando encontrar o 1% de sua disciplina que não será desperdiçado, no qual poderá investir para o resto da vida e que tem significado para você — vá com tudo e esqueça o restante. [10]

> INTENÇÕES NÃO IMPORTAM.
>
> **AÇÕES, SIM.**

ASSUMA A RESPONSABILIDADE

> Assuma a responsabilidade e os riscos dos negócios. A sociedade vai recompensá-lo com responsabilidade, lucro e alavancagem.

Para ficar rico, você precisa de alavancagem, que vem em forma de mão de obra, de capital, ou pode vir por meio de programação ou mídia. Mas a maioria dessas coisas, como é o caso de mão de obra e capital, são as pessoas que têm que lhe oferecer. No âmbito da mão de obra, alguém tem que seguir você. Quanto ao capital, alguém tem que lhe dar dinheiro, ativos para administrar ou máquinas.

Portanto, para conseguir essas coisas, você precisa desenvolver credibilidade e chamar a responsabilidade para si tanto quanto possível, o que é arriscado. Por isso, assumir a responsabilidade é uma faca de dois gumes. Permite que você leve o crédito quando as coisas vão bem, mas é preciso aguentar o impacto do fracasso quando vão mal. [76]

A responsabilidade clara é importante. Sem isso, você não recebe incentivos. Sem assumir a responsabilidade, não é possível desenvolver credibilidade. Mas você corre riscos. Existe o risco de falhar. O risco de ser humilhado. O risco de acabar com o seu nome.

Por sorte, na sociedade moderna, não há mais prisões para devedores, e ninguém é preso ou executado por perder o dinheiro dos outros, mas ainda estamos socialmente programados para não fracassar em público e sujar o próprio nome. As pessoas que têm a capacidade de fracassar publicamente e pôr a própria reputação em risco, na verdade, ganham muito poder.

Vou contar uma anedota pessoal. Até cerca de 2013, 2014, minha figura pública girava inteiramente em torno de start-ups e investimentos. Foi só por volta de 2014 e 2015 que comecei a falar sobre filosofia e psicologia e assuntos mais amplos. Fiquei um pouco apreensivo, já que estava fazendo isso usando o meu próprio nome. É óbvio que algumas pessoas da indústria me enviaram mensagens nos bastidores falando: "O que você está fazendo? Está acabando com a sua carreira. Isso é burrice".

Eu meio que continuei fazendo aquilo. Eu me arrisquei. Aconteceu a mesma coisa com as criptomoedas. No início, corri o risco. Mas, quando se tem um nome a zelar, você acaba correndo alguns riscos. Também é possível colher os frutos. É você quem recebe os benefícios. [76]

Antigamente, o esperado era que o capitão afundasse com o navio. Se o navio estivesse afundando, a última pessoa a desembarcar seria literalmente o capitão. A responsabilidade traz riscos reais, mas estamos falando de um contexto de negócios.

Nesse âmbito, o risco é que provavelmente você seria o último a obter seu capital de volta. Seria o último a receber por dedicar o seu tempo. O tempo dedicado à empresa, o capital investido, isso está em risco. [76]

Perceba que, na sociedade moderna, o risco de perda não é tão grande. Até a falência de pessoa física pode acabar sendo revertida em bons ecossistemas. Estou mais familiarizado com o Vale do Silício, mas as pessoas costumam perdoar os fracassos, desde que você seja honesto e faça um esforço de alta integridade.

Não há muito o que temer em relação ao fracasso, e, portanto, deveríamos assumir muito mais responsabilidades do que realmente assumimos. [76]

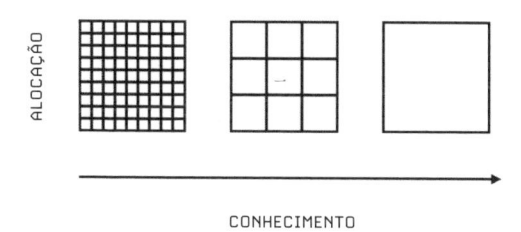

MONTE OU COMPRE ATIVOS DE UMA EMPRESA

> Se você não possui parte de um negócio, não tem um caminho rumo à liberdade financeira.

Por que ter ativos em uma empresa é importante para se tornar rico?

Trata-se de propriedade versus trabalho assalariado. Se você é pago por ceder o seu tempo, mesmo no caso de advogados e médicos, pode ganhar algum dinheiro, mas não será suficiente para lhe garantir a liberdade financeira. Você não terá uma renda passiva em que uma empresa lhe traz lucros enquanto está de férias. [10]

Talvez este seja um dos pontos mais importantes. As pessoas parecem acreditar que é possível criar riqueza — ganhar dinheiro — por meio do trabalho. É provável que isso não vá funcionar. E há muitas razões envolvidas.

Sem ter a propriedade de algo, o que entregamos está intimamente ligado ao que recebemos. Em quase todo trabalho assalariado, mesmo aquele que paga um valor alto por hora, como no caso de um advogado ou médico, somos pagos por cada hora trabalhada.

Se você não tem a propriedade de algo, não ganha dinheiro quando está dormindo. O aposentado não está capitalizando. Se estamos de férias, não estamos ganhando nada. E você não pode lucrar de forma não linear.

Se pararmos para observar, até quando os médicos ficam ricos (ricaços mesmo), isso só acontece porque eles decidiram abrir um negócio. Um consultório particular. Esse consultório particular constrói uma marca, que, por sua vez, é o que atrai as pessoas. Ou ficam ricos porque desenvolvem algum tipo de dispositivo médico, procedimento ou processo com propriedade intelectual (PI).

Em um trabalho assalariado, em essência, você está trabalhando para outra pessoa, que está assumindo o risco e tem a responsabilidade, a propriedade intelectual e a marca. Nessas condições, ninguém vai lhe pagar o suficiente. Você receberá o mínimo necessário para fazer o trabalho para os outros. Pode até ser um mínimo elevado, mas com toda certeza não será uma verdadeira riqueza a ponto de, depois de se aposentar, você continuar lucrando. [76]

Ter participação em uma empresa basicamente significa que você tem ganhos. Quando se tem dívidas, há fluxos de receita garantidos e há as perdas. Queremos ter ativos. Se você não tiver ativos de uma empresa, as chances de ganhar dinheiro são muito pequenas.

Você precisa trabalhar até o ponto em que possa ter participação em uma empresa. É possível ter participação sendo um pequeno acionista de onde você comprou ações. Isso também é possível se você for o proprietário da empresa que abriu. A propriedade é muito importante. [10]

Todo mundo que em algum momento de fato ganha dinheiro possui uma parte de um produto, um negócio ou alguma PI. Isso pode acontecer por meio de opções de compra de ações, se você trabalhar em uma empresa de tecnologia. Trata-se de uma ótima maneira de começar.

Normalmente, porém, a verdadeira riqueza é criada pela abertura das próprias empresas ou até mesmo por meio de investimentos. Em uma empresa de investimento, há a compra de ativos. Esses são os caminhos para a riqueza. E isso não acontece de uma hora para outra. [76]

ALAVANCAGEM ⟶

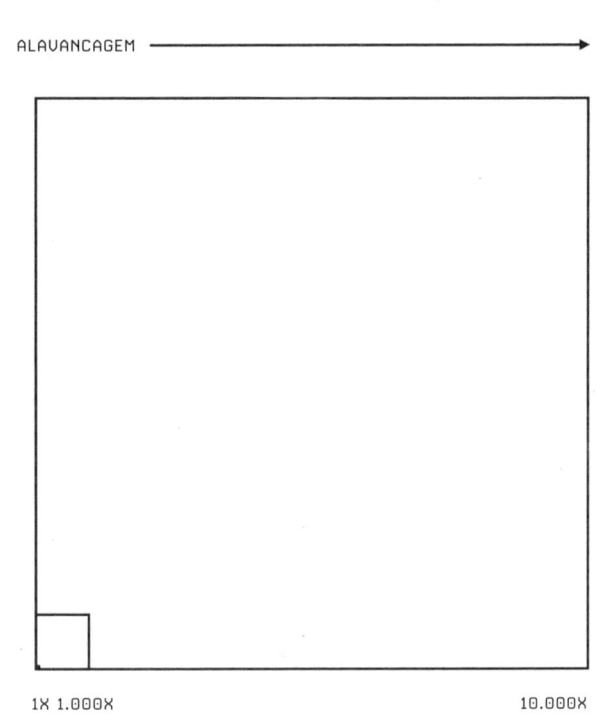

1X 1.000X   10.000X

ENCONTRE UMA POSIÇÃO PARA ALAVANCAR

Estamos em uma era de alavancagem infinita, e as recompensas econômicas para a curiosidade intelectual genuína nunca foram tão elevadas. [11] Seguir sua curiosidade intelectual genuína é uma forma melhor de começar uma carreira do que ir atrás do que quer que esteja dando lucro no momento. [11]

O conhecimento que só você ou apenas um pequeno grupo de pessoas possui virá das paixões e dos hobbies, por mais estranho que possa parecer. Se os seus hobbies giram em torno da curiosidade intelectual, é mais provável que você desenvolva essas paixões. [1]

> Se isso agora lhe parece divertido, mas vai aborrecê-lo algum dia, trata-se de uma distração. Continue procurando.

Eu realmente só quero fazer as coisas pelas coisas em si. Essa é uma definição de arte. Quer se trate de negócios, exercícios, romance, amizade, o que for, acho que o sentido da vida é fazer as coisas por elas mesmas. Ironicamente, ao fazer as coisas pelas coisas em si, você cria seu melhor trabalho. Mesmo que esteja apenas tentando ganhar dinheiro, é o momento em que será mais bem-sucedido.

O ano em que gerei mais riqueza para mim foi, na verdade, o ano em que trabalhei menos arduamente e me importei menos com o futuro. Na maior parte desse período, eu fazia tudo por pura diversão. Basicamente, dizia às pessoas: "Estou aposentado, não estou trabalhando". Então, eu tinha tempo para o que quer que fosse o meu projeto de maior valor. Ao fazer as coisas pelas coisas em si, eu as fiz da melhor forma possível. [72]

Quanto menos você quer alguma coisa, menos pensa a respeito dela, menos fica obcecado por ela, e isso vai ficando cada vez mais natural. Você vai fazer mais para si mesmo. Fará isso de um jeito em que você é bom e vai persistir. As pessoas ao seu redor vão perceber que a qualidade do seu trabalho aumentou. [1]

Siga a sua curiosidade intelectual mais do que qualquer coisa que esteja "em alta" no momento. Se alguma vez a sua curiosidade o guiar para onde a sociedade vai acabar querendo ir, você será extremamente bem pago. [3]

É provável que você tenha habilidades para as quais a sociedade ainda não saiba treinar outras pessoas para pôr em prática. Se alguém pode treinar outras pessoas a fazer uma coisa, você pode ser substituído. Se puderem substituí-lo, não terão que lhe pagar muito. Você quer saber fazer algo que outras pessoas não sabem fazer no período em que há demanda para essas habilidades. [1]

> Se podem treiná-lo a fazer algo, vão acabar treinando um computador para fazer a mesma coisa.

Você é recompensado pela sociedade por fornecer aquilo que ela quer e não sabe como conseguir em outro lugar. Muitas pessoas acham que você pode ir para a escola e estudar como ganhar dinheiro, mas a realidade é que não existe nenhuma habilidade chamada "negócios". [1]

Pondere sobre qual produto ou serviço a sociedade deseja, mas ainda não sabe como obter. Você quer se tornar a pessoa que oferece esse produto ou serviço e em grande escala. Esse é o verdadeiro desafio de como ganhar dinheiro.

> Agora, o problema é se tornar bom em qualquer que seja essa "coisa". E essa coisa muda de geração em geração, mas quase sempre está na área de tecnologia.

Você está esperando pelo momento em que algo surge no mundo, em que é necessário um conjunto de habilidades e você é excepcionalmente qualificado. Nesse meio-tempo, você constrói sua marca no Twitter, no YouTube e fazendo trabalho voluntário. Constrói uma reputação e, no processo, assume alguns riscos. Quando é chegada a hora de agarrar a oportunidade, você pode fazer isso com alavancagem — a maior alavancagem possível. [1]

Existem três grandes classes de alavancagem:

Uma forma de alavancagem é a mão de obra — é ter outras pessoas trabalhando para você. É a forma mais antiga de alavancagem e, na verdade, não é das melhores no mundo moderno. [1] Eu diria que é a pior forma de alavancagem disponível. Gerenciar outras pessoas é extremamente complicado, exige uma tremenda habilidade de liderança. Você está a um passo de um motim ou de ser comido ou dilacerado pela multidão. [76]

O dinheiro é uma boa forma de alavancagem. Isso significa que toda vez que tomamos uma decisão, ela é multiplicada por dinheiro. [1] O capital é uma forma de alavancagem mais complicada. É mais moderna. É aquela que as pessoas usaram para enriquecer incrivelmente no século passado. É provável que tenha sido a forma predominante de alavancagem nos últimos cem anos.

É possível constatar isso ao analisar quem são as pessoas mais ricas: são banqueiros, políticos de países corruptos que imprimem moeda, basicamente pessoas que movimentam grandes quantias. Se olharmos para o topo de megaempresas, além das empresas de tecnologia, em muitas, muitas dessas empresas antigas, o trabalho do CEO é, na verdade, um trabalho financeiro.

Funciona muito, muito bem. Se você for bom em administrar capital, poderá administrar mais e mais capital com muito mais facilidade do que administrar mais e mais pessoas. [76]

A forma final de alavancagem é totalmente nova — a mais democrática. Trata-se de "**produtos sem custo marginal de replicação**".

Isso inclui livros, mídia, filmes e programação. A programação é provavelmente a forma mais poderosa de alavancagem que não exige permissão. Tudo que você precisa é de um computador — não é necessária a permissão de ninguém. [1]

> Esqueça ricos versus pobres, trabalhadores braçais versus trabalhadores especializados. Agora é o trabalhador com alavancagem versus sem alavancagem.

A forma mais interessante e importante de alavancagem é a ideia de produtos que não têm custo marginal de replicação. É a nova forma de alavancagem e só foi inventada nas últimas centenas de anos. Tudo começou com a imprensa. Acelerou com a mídia de rádio e televisão, e agora explodiu com a internet e com a programação. Hoje é possível multiplicar os esforços sem envolver outras pessoas e sem precisar do dinheiro de outras pessoas.

Este livro é uma forma de alavancagem. Muito tempo atrás, eu teria que me sentar em uma sala de aula e dar uma palestra para cada um de vocês. Eu provavelmente teria alcançado algumas centenas de pessoas e só. [76]

Essa forma de alavancagem mais recente é aquela na qual todas as novas fortunas são feitas, onde estão todos os novos bilionários. Na última geração, o capital foi responsável por criar fortunas. As pessoas que fizeram fortunas foram os Warren Buffetts do mundo.

Mas a fortuna da nova geração é conquistada por meio de programação ou mídia. Joe Rogan fatura entre 50 e 100 milhões de dólares ao ano com seu podcast. Outro exemplo é o canal do PewDiePie. Não sei quanto dinheiro ele ganha, mas tem um alcance maior que os noticiários. E, claro, tem Jeff Bezos, Mark Zuckerberg, Larry Page, Sergey Brin, Bill Gates e Steve Jobs.

Toda a riqueza deles provém da alavancagem baseada em programação. [76]

É provável que a coisa mais interessante a se ter em mente em relação às novas formas de alavancagem é que elas não exigem permissão. Não necessitam da permissão de outra pessoa para que você possa usá-las ou obter sucesso. Para alavancar o trabalho, alguém tem que decidir seguir você. Para alavancar o capital, alguém tem que lhe dar dinheiro para investir ou para converter em um produto.

Programar, escrever livros, gravar podcasts, tuitar, gravar vídeos para o YouTube — esse tipo de coisa não exige permissão. Você não precisa da permissão de ninguém para fazer nada disso, e é por isso que são meios muito igualitários. São grandes equalizadores de alavancagem. [76] Hoje em dia, por exemplo, todo grande desenvolvedor de software tem um exército de robôs trabalhando durante a noite enquanto ele dorme, após programar e colocar as coisas para funcionar. [76]

> Você nunca vai ficar rico alugando o seu tempo.

Ao longo da vida, sempre que puder, otimize para ter independência em vez de salário. O sonho é ter independência e ser medido pelo seu resultado, e não pelo seu esforço. [10]

Os humanos evoluíram em sociedades onde não havia alavancagem. Se eu trabalhasse para você cortando lenha ou carregando água, você saberia que oito horas gastas nessas atividades equivaleriam a cerca de oito horas de produção. Nós inventamos a alavancagem — por meio de capital, cooperação, tecnologia, produtividade, todas essas formas. Vivemos em uma era de alavancagem. Como trabalhador, você quer ter a maior alavancagem possível de modo a alcançar um grande impacto sem despender tanto tempo ou esforço físico.

Um trabalhador com alavancagem pode produzir mil ou dez mil vezes mais do que aquele sem alavancagem. No caso de quem tem alavancagem, o discernimento é muito mais importante do que o tempo investido ou o esforço colocado no trabalho.

> Esqueça os programadores 10x. Programadores 1000x realmente existem, apenas não lhes damos o devido crédito. Veja @ID_AA_Carmack, @notch, Satoshi Nakamoto etc.

Por exemplo, se um bom engenheiro de software programar um pequeno trecho de código e criar o aplicativo certo, pode gerar literalmente meio bilhão de dólares de valor para uma empresa. Mas dez engenheiros trabalhando dez vezes mais porque escolheram o modelo ou o produto errado, programaram de forma equivocada ou usaram o viral loop errado, basicamente, estão perdendo tempo. As contribuições não correspondem ao resultado, em especial para trabalhadores com alavancagem.

O que você deseja na vida é controlar seu tempo. Deseja entrar em um trabalho com alavancagem, em que controla o próprio tempo e acompanha as produções. Se fizer algo incrível para tornar o negócio bem-sucedido, terá que ser pago. Especialmente se não souberem como você conseguiu: se é resultado de aptidão inata, habilidade ou fruto de uma obsessão. Então, vão continuar pagando para você fazer isso.

Se você tem conhecimento específico, tem responsabilidade e alavancagem; portanto, terão que pagar o que você vale. Se lhe pagarem pelo que vale, você pode recuperar o seu tempo — pode ser hipereficiente. Não está fazendo reuniões por fazer, não está tentando impressionar outras pessoas, não está escrevendo coisas para dar a entender que está trabalhando. Você só se preocupa com o trabalho em si.

Quando você faz apenas o trabalho propriamente dito, será muito mais produtivo, muito mais eficiente. Vai trabalhar quando tiver vontade — quando estiver com muita energia — e não vai tentar se esforçar quando estiver com pouca. Você vai recuperar o seu tempo.

> Quarenta horas de trabalho semanais são uma relíquia da era industrial. Os trabalhadores intelectuais funcionam como atletas — treinam e correm, depois descansam e reavaliam.

As vendas são um exemplo — em especial, as vendas de produtos de ponta. Um corretor de imóveis que ganha a vida vendendo casas não tem necessariamente um bom emprego. É um setor muito saturado. Mas um corretor de imóveis de luxo sabe como se promover e sabe como vender casas. É possível vender mansões de 5 milhões de dólares em um décimo do tempo, enquanto outra pessoa sofre para vender apartamentos de 100 mil dólares. O esforço e o resultado são desconectados no trabalho do corretor de imóveis.

Construir e vender qualquer produto se encaixa nessa descrição. E o que mais existe ali? O que não se quer necessariamente ocupar é o cargo de quem atua na área de suporte, como no atendimento ao cliente. Infelizmente, no atendimento ao cliente, o esforço e o resultado se aproximam, e as horas que você dedica a isso são significativas. [10]

As ferramentas e a alavancagem criam essa desconexão entre o esforço e o resultado. Quanto maior o componente de criatividade presente em uma profissão, maior a probabilidade de haver esforço e resultado desconectados. Se você estiver procurando por profissões em que o esforço e o resultado estão altamente relacionados, será muito difícil gerar e manter riqueza para si mesmo. [76]

> Se você quiser fazer parte de uma grande empresa de tecnologia, precisa ser capaz de VENDER ou CONSTRUIR. Se não souber fazer nenhum dos dois, aprenda.

Aprenda a vender, aprenda a construir. Se for capaz de fazer as duas coisas, ninguém poderá detê-lo.

Essas são duas categorias muito amplas. Uma é construir o produto, o que é difícil e multivariado. Pode incluir design, desenvolvimento, fabricação, logística, aquisição; pode até mesmo envolver projetar e operar um serviço. Há muitas, muitas definições.

Em todos os setores, porém, existe uma definição para o construtor. Em nosso setor de tecnologia, é o diretor em tecnologia, é o programador, é o engenheiro de software ou engenheiro de hardware. Mas, mesmo no ramo de lavanderia, pode ser a pessoa que está construindo o serviço de lavanderia, que está pondo a engrenagem para funcionar, que está garantindo que todas as roupas cheguem no lugar certo e na hora correta e assim por diante.

A outra categoria é a venda do produto. Mais uma vez, as definições para vendas são muito abrangentes. Vender não significa necessariamente vender apenas para clientes individuais, mas pode significar fazer marketing, comunicar, recrutar, arrecadar dinheiro, inspirar pessoas, ou até mesmo ser relações-públicas. É uma categoria muito abrangente. [76]

> Ganhe com a sua mente, não com o seu tempo.

Vamos falar mais sobre o ramo imobiliário. O pior tipo de trabalho é o de alguém que faz reformas em casas. Talvez essa pessoa ganhe 10 ou 20 dólares por hora. Ela tem que ir até a casa das pessoas, e o chefe exige que esteja lá às oito da manhã para trabalhar na reforma. Nesse caso, a alavancagem é zero. O trabalhador tem alguma responsabilidade, mas não de verdade, já que a sua responsabilidade é para com o chefe, não para com o cliente. Ele não tem nenhum conhecimento específico real, pois o que está fazendo é um trabalho que muitas pessoas podem fazer. Não vai ganhar muito dinheiro. O que está recebendo é um salário mínimo e mais um pouco por sua habilidade e seu tempo.

O próximo nível pode ser o empreiteiro trabalhando na residência para o proprietário. Ele pode receber 50 mil dólares para fazer todo o projeto, pagar 15 dólares por hora para o trabalhador que põe as mãos na massa e ficar com a diferença.

Empreiteiro obviamente é um cargo melhor de se ocupar. Mas como mensuramos isso? Como sabemos que é melhor? Bem, percebemos que é melhor porque essa pessoa tem alguma responsabilidade. É responsável pelo resultado, tem que ralar à noite se as coisas não derem certo. Os empreiteiros têm alavancagem entre os funcionários que trabalham para eles. E também têm um conhecimento um pouco mais específico: organizar uma equipe, garantir que todos cheguem na hora e lidar com as leis e regulamentações municipais.

O próximo nível pode ser o incorporador imobiliário. Um incorporador é alguém que vai comprar um imóvel, contratar um monte de empreiteiros e transformá-lo em algo mais valioso. Provavelmente, será necessário fazer um empréstimo para comprar uma casa ou recorrer a investidores para levantar dinheiro. O incorporador compra o imóvel velho, manda demolir, reconstrói e depois vende. Em vez de 50 mil dólares no caso do empreiteiro, ou 15 dólares por hora no caso do trabalhador, o incorporador pode ganhar 1 milhão ou meio milhão de dólares de lucro quando vender a casa por mais do que comprou, incluindo as despesas de construção. Mas observe o que se exige do incorporador: um nível muito alto de responsabilidade.

O incorporador assume mais riscos, mais responsabilidades, tem mais alavancagem e precisa ter um conhecimento mais específico. Ele precisa entender de arrecadação de fundos, de leis e regulamentações municipais, a direção que o mercado imobiliário está tomando e se deve correr o risco ou não. É mais difícil.

O próximo nível pode ser alguém que administra dinheiro em um fundo imobiliário. Essa pessoa tem uma enorme quantidade de alavancagem de capital, pois costuma lidar com muitos incorporadores, que compram grandes quantidades de estoque imobiliário. [72]

Um nível acima disso pode ser alguém que diga: "Na verdade, quero trazer o máximo de alavancagem para arcar com este mercado e o máximo de conhecimento específico". Essa pessoa diria: "Bem, eu entendo do ramo imobiliário e conheço tudo, desde a construção básica de moradias, passando pela construção e venda de propriedades, até a forma como os mercados imobiliários se desenvolvem e prosperam, e também conheço o funcionamento do setor de tecnologia. Sei como recrutar incorporadores, como programar e como construir um bom produto e entendo como arrecadar dinheiro de investidores de risco, como devolvê-lo e como tudo isso funciona".

Obviamente, uma única pessoa pode não saber fazer isso tudo. É possível, para tanto, reunir uma equipe em que cada um tem conjuntos de habilidades diferentes, mas essa entidade combinada teria conhecimentos específicos nos ramos imobiliário e de tecnologia. A responsabilidade seria enorme, visto que o nome da empresa seria um esforço de alto risco e alta recompensa associado a tudo isso, e as pessoas dedicariam a vida a tal coisa e assumiriam riscos significativos. A entidade teria alavancagem na programação em relação a muitos incorporadores. Teria capital de investidores e o próprio capital do fundador. Teria um pouco da mão de obra da mais alta qualidade que se possa encontrar, que são engenheiros, designers e profissionais de marketing de altíssimo nível que trabalham na empresa.

E aí você pode acabar tendo uma empresa como Trulia, Redfin ou Zillow, e os ganhos podem chegar na casa das centenas de milhões ou até dos bilhões de dólares. [76]

Cada nível tem uma alavancagem crescente, responsabilidade maior e conhecimento cada vez mais específico. A alavancagem baseada em dinheiro fica acima daquela baseada em mão de obra. Ao colocar a alavancagem baseada em programação acima do dinheiro e da mão de obra, é possível criar algo cada vez maior e ficar cada vez mais perto de receber todos os lucros, e não apenas um salário.

Você começa como um assalariado, mas quer trilhar o caminho rumo ao topo para tentar obter maior alavancagem, mais responsabilidade e conhecimento específico. Somada à magia dos juros compostos, a combinação disso tudo durante um longo período o tornará rico. [72]

A única coisa que precisa ser evitada é o risco de se arruinar.

Evitar a ruína significa ficar fora da prisão. Portanto, não faça nada ilegal. Ir para o xadrez nunca compensa. Fique longe da perda catastrófica total. Evitar a ruína também pode significar se afastar de coisas que podem ser perigosas ou nocivas ao bem-estar físico. É preciso cuidar da própria saúde.

Fique longe de coisas que podem fazer você perder todo o seu capital, todas as suas economias. Não arrisque tudo de uma vez. Em vez disso, faça apostas racionalmente otimistas com grandes chances de lucro. [76]

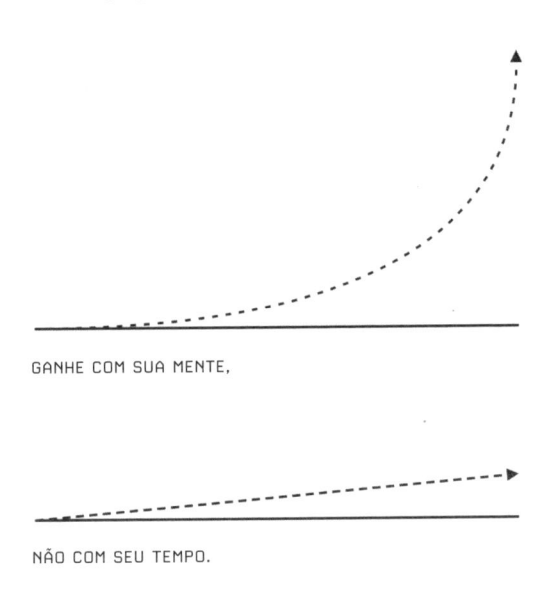

GANHE COM SUA MENTE,

NÃO COM SEU TEMPO.

SEJA PAGO PELO SEU DISCERNIMENTO

Escolher os tipos de emprego, carreira ou área em que deseja atuar e a natureza dos negócios que está disposto a aceitar de seu empregador lhe proporcionará muito mais tempo livre. Nesse caso, você não precisa se preocupar tanto com o gerenciamento do tempo. Eu adoraria ser pago apenas pelo meu discernimento, não pelo trabalho. Quero um robô, capital ou computador para realizar o trabalho para mim, mas quero ser pago pelo meu discernimento. [1]

Acho que todo ser humano deve almejar ter conhecimento sobre certas coisas e ser pago por seu conhecimento singular. Temos o máximo de alavancagem possível em nosso negócio, seja por meio de robôs, de computadores ou do que quer que seja. Dessa forma, podemos ser donos de nosso próprio tempo, porque estamos apenas sendo avaliados pelos nossos resultados, e não pelo esforço.

Imagine alguém que comprovadamente tem um discernimento um pouco melhor. Essa pessoa está certa em 85% das ocasiões, e não em 75%. Você pagaria 50, 100, 200 milhões de dólares a ela, custe o que custar, porque um discernimento 10% melhor ao conduzir um navio de 100 bilhões de dólares é algo muito valioso. Os CEOs são bem pagos por causa da alavancagem que possuem. Pequenas diferenças de discernimento e capacidade são de fato ampliadas. [2]

O discernimento comprovado — a credibilidade em torno do discernimento — é fundamental. Warren Buffett é o vencedor nesse quesito porque tem enorme credibilidade e tem se mostrado altamente responsável. Está sempre no domínio público. Construiu uma reputação de alta integridade, tornando-se alguém que inspira confiança. As pessoas lhe atribuem alavancagem infinita graças ao seu discernimento. Ninguém pergunta quanto empenho ele dedica ao trabalho. Ninguém pergunta quando ele acorda ou a que horas vai dormir. Todos ficam: "Warren, apenas faça o que sabe fazer".

O discernimento — em especial o comprovado, com alta responsabilidade e uma trajetória clara — é fundamental. [76]

> Perdemos tempo com pensamentos de curto prazo e tarefas improdutivas. Buffett passa um ano decidindo para agir em um dia. Essa ação dura décadas.

Só pelo fato de serem ligeiramente melhores, como correr quatrocentos metros uma fração de segundo mais rápido do que outra pessoa, alguns recebem muito mais — ordens de grandeza a mais. A alavancagem amplia essas diferenças. Estar no topo naquilo que se sabe fazer é muito importante na era da alavancagem. [2]

RESOLVA ATRAVÉS DA ITERAÇÃO.

△ □ ⬠ ⬡ ◯ ◯

DEPOIS, SEJA PAGO PELA REPETIÇÃO.

◯◯◯◯◯◯◯◯◯◯◯◯

PRIORIZE E FOQUE

Tive muito azar ao longo da minha trajetória. Acabei perdendo instantaneamente na Bolsa de Valores a primeira pequena fortuna que fiz. Na segunda pequena fortuna que juntei, ou que deveria ter juntado, basicamente fui enganado pelos meus sócios. Foi só na terceira vez que as coisas engrenaram.

Mesmo assim, tem sido uma luta lenta e constante. Não ganhei dinheiro recebendo um único pagamento gigantesco. Sempre foi com o acúmulo de um monte de somas menores. Tem mais a ver com a criação consistente de riqueza por meio do desenvolvimento de negócios, oportunidades e investimentos. Não foi uma coisa gigantesca e única. Minha riqueza pessoal não foi consequência de um grande ano. É o acúmulo de tudo um pouco, apostando apenas algumas fichas por vez: mais opções, mais negócios, mais investimentos, mais coisas que posso fazer.

Graças à internet, as oportunidades são abundantes. Na verdade, ganho dinheiro de muitas maneiras, só não tenho tempo suficiente. Tenho oportunidades aos montes, mas continuo correndo contra o tempo. Existem tantas formas de gerar riqueza, produtos, abrir empresas e de ser pago pela sociedade como um subproduto. Simplesmente não consigo lidar com todas. [76]

> Valorize o seu tempo de acordo com um preço por hora e gaste sem piedade para economizar tempo de acordo com a quantia estipulada. Você nunca valerá mais do que acredita que vale.

Ninguém vai te valorizar mais do que você valoriza a si mesmo. Só é preciso definir um valor por hora muito alto e mantê-lo. Mesmo quando era jovem, decidi que eu valia muito mais do que o mercado pensava que eu valia e comecei a me tratar assim.

Sempre calcule o seu tempo em cada decisão. Quanto tempo isso leva? Vai demorar uma hora para atravessar a cidade e pegar algo. Se você estipula a sua hora em 100 dólares, isso significa basicamente deixar cair 100 dólares do seu bolso. Você vai fazer isso? [76]

Avance depressa para o seu eu rico do futuro e escolha algum valor intermediário por hora. Para mim, acredite se quiser, na época em que você poderia ter me contratado — o que agora obviamente não é possível, mas uma década atrás ou até duas, antes que eu tivesse qualquer dinheiro de fato, você poderia ter me contratado. Naquela época, a minha hora de trabalho, como eu costumava dizer para mim mesmo, era de 5 mil dólares. Hoje, quando olho para trás, percebo que, na verdade, valia cerca de mil dólares por hora.

Claro, ainda acabei fazendo coisas idiotas, como discutir com o eletricista ou devolver o alto-falante quebrado, mas não deveria, e fazia isso muito menos do que qualquer um dos meus amigos. Eu sairia de forma teatral para jogar algo no lixo ou doar para o Exército da Salvação, em vez de tentar devolver o produto, ou daria a alguém em vez de tentar consertá-lo.

Eu argumentava com minhas namoradas, e até hoje digo para minha esposa: "Eu não faço isso. Esse não é um problema que eu resolvo". Ainda preciso discutir essa questão com minha mãe quando ela me passa uma pequena lista de afazeres. Eu simplesmente não faço essas coisas. Prefiro contratar um ajudante. E eu fazia isso mesmo quando não tinha dinheiro. [76]

Outra maneira de pensar sobre algo é: se você pode terceirizar o serviço ou não fazer algo por menos do que o seu valor por hora, terceirize o serviço ou não o faça. Se puder contratar alguém para fazer isso por menos do que seu valor por hora, contrate. Isso inclui até atividades como cozinhar. Você pode querer comer refeições caseiras saudáveis, mas, se puder, terceirize. [76]

Defina um valor muito alto por hora e o mantenha. Deve parecer e soar absurdamente elevado. Caso contrário, não será alto o suficiente. Seja qual for o valor estipulado, meu conselho seria aumentá-lo. Como já mencionei, eu mesmo, antes de ter dinheiro, passei muito tempo usando o valor de 5 mil dólares a hora. E, se pensarmos em um salário anual, são vários milhões de dólares por ano.

Ironicamente, acho que consegui ultrapassar a meta. Não sou a pessoa que mais se empenha no trabalho; na verdade, sou preguiçoso. Trabalho quando tenho picos de energia, quando estou realmente motivado com alguma coisa. Se eu for olhar quanto ganhei por hora que investi, provavelmente é um pouco mais alto do que isso. [76]

Você pode falar mais sobre a declaração: "Se você secretamente despreza a riqueza, ela lhe escapará"?

Se tivermos uma mentalidade relativa, sempre odiaremos quem se sai melhor do que nós, sempre teremos ciúmes ou inveja dessas pessoas, que perceberão esses sentimentos quando tentarmos fazer negócios com elas. Ao tentar negociar com alguém, a pessoa sentirá se você tiver algum pensamento ruim ou quaisquer opiniões em relação a ela. Os humanos são programados para sentir o que o outro sente lá no fundo. Temos que sair dessa mentalidade relativa. [10]

Literalmente, ser contra a riqueza o impedirá de se tornar rico, porque você não terá a mentalidade certa para isso, não terá o espírito certo e não conseguirá lidar com as pessoas de forma adequada. Seja otimista, seja positivo. Isso é importante. Os otimistas realmente se saem melhor a longo prazo. [10]

> No mundo dos negócios, muitas pessoas praticam jogos de soma zero, e os poucos que preferem os jogos de soma positiva buscam uns aos outros na multidão.

Basicamente, as pessoas participam de dois grandes jogos na vida. Um é o jogo do dinheiro. O dinheiro não vai resolver todos os seus problemas, mas vai resolver todos os seus problemas financeiros. As pessoas percebem isso, então querem ganhar dinheiro.

Mas, ao mesmo tempo, muitas delas, no fundo, acreditam que não conseguem ganhar dinheiro. Não querem que a criação de riqueza aconteça. Então, acabam atacando toda essa iniciativa dizendo: "Bem, ganhar dinheiro é nocivo. Você não deveria fazer isso".

Mas, na verdade, elas estão participando de outro jogo, que é o jogo do status. Estão tentando alcançar um status elevado aos olhos dos outros, dizendo: "Bem, eu não preciso de dinheiro. Não queremos dinheiro". Status tem a ver com a nossa classificação na hierarquia social. [76]

> A criação de riqueza é um jogo de soma não zero recente, evolucionário. Status é um jogo de soma zero antigo. Aqueles que atacam a criação de riqueza muitas vezes estão apenas em busca de status.

O status é um jogo de soma zero. É um jogo muito antigo, praticado desde a época das tribos de macacos. É hierárquico. Quem é o número um? Quem é o número dois? Quem é o número três? E, para que o número três passe a ser o número dois, este precisa sair da posição. Portanto, o status é um jogo de soma zero.

A política é um exemplo de jogo de status. Até os esportes são um exemplo de jogo de status. Para ser o vencedor, deve haver um perdedor. Em particular, não sou fã de jogos de status. Eles desempenham um papel importante na nossa sociedade, de modo que possamos descobrir quem está no comando. Mas, basicamente, participamos desses jogos porque são um mal necessário. [76]

O problema é que, para vencer um jogo de status, é necessário derrubar outra pessoa. É por isso que, na vida, devemos evitar esse tipo de jogo — ele nos torna raivosos e combativos. Sempre estamos lutando para rebaixar os outros, para rebaixar a nós mesmos e as pessoas de quem gostamos.

Os jogos de status sempre existirão. Não há como contornar isso, mas perceba que, na maioria das vezes, quando você está tentando criar riqueza e sendo atacado por outra pessoa, ela está tentando aumentar o próprio status à sua custa. Essa pessoa está jogando diferente. E é um jogo pior. É um jogo de soma zero em vez de um jogo de soma positiva. [76]

> Quem joga jogos bobos, ganha prêmios bobos.

Para quem é jovem e está começando, qual é a coisa mais importante a fazer?

Gaste mais tempo tomando as decisões importantes. Existem basicamente três grandes decisões que tomamos no início da vida: onde morar, com quem conviver e o que fazer.

Passamos pouquíssimo tempo decidindo em que tipo de relacionamento entrar. Passamos muito tempo trabalhando, mas pouco tempo decidindo em qual emprego entrar. Escolher em que cidade morar pode definir quase completamente a trajetória da nossa vida, mas dedicamos tão pouco tempo a tentar descobrir que cidade é essa.

> Conselho para um jovem engenheiro que pensa em se mudar para São Francisco: "Você quer deixar os seus amigos para trás? Ou quer ser aquele que foi deixado para trás?"

Se você vai morar em uma cidade por dez anos, se vai ficar em um emprego por cinco anos, se está em um relacionamento há uma década — você deve passar um ou dois anos decidindo tudo isso. São decisões altamente dominantes. Essas três decisões de fato importam.

Você tem que dizer não a tudo e liberar seu tempo para resolver os problemas importantes. Esses três são provavelmente os maiores. [1]

Diga uma ou duas medidas que você adotaria para se cercar de pessoas bem-sucedidas

Descubra no que você é bom e comece a ajudar outras pessoas com isso. Doe. Retribua. O carma funciona porque as pessoas são consistentes. Em uma escala de tempo longa o suficiente, você atrairá o que projeta. Mas não mensure o tempo — fazer isso vai acabar com sua paciência. [7]

> Um ex-chefe uma vez avisou: "Você nunca será rico, pois sem dúvida é inteligente, e alguém sempre vai lhe oferecer um emprego que só é bom o suficiente".

Como decidiu abrir sua primeira empresa?

Eu estava trabalhando em uma empresa de tecnologia chamada @Home Network e disse a todos ao meu redor — meu chefe, meus colegas de trabalho e amigos: "No Vale do Silício, tem várias pessoas abrindo empresas. Parece que elas são capazes de fazer isso. Vou abrir uma. Estou aqui apenas de passagem. Sou um empresário".

(...) Na verdade, não tive a intenção de fazer propaganda enganosa. Não foi uma coisa deliberada e calculada.

Eu só estava desabafando, falando em voz alta, sendo bastante honesto. No entanto, acabei não abrindo uma empresa. Isso foi em 1996, e abrir uma empresa naquela época era uma empreitada muito mais assustadora e difícil. Com razão, todos começaram a perguntar: "O que você ainda está fazendo aqui? Achei que fosse abrir uma empresa". E a dizer: "Uau, você ainda está aqui...". Eu fui literalmente constrangido a abrir minha própria empresa. [5]

Sim, eu sei que algumas pessoas não estão necessariamente prontas para empreender, mas, a longo prazo, de onde tiramos a ideia de que o lógico e o correto a fazer é trabalharmos para os outros? Trata-se de um modelo bastante hierárquico. [14]

ENCONTRE UM TRABALHO QUE PAREÇA DIVERSÃO

Os seres humanos evoluíram como caçadores e coletores, e todos trabalhávamos para nós mesmos. Foi apenas com o advento da agricultura que nos tornamos mais hierárquicos. A Revolução Industrial e as fábricas nos tornaram hierárquicos ao extremo, porque um indivíduo não poderia necessariamente possuir ou construir uma fábrica. Mas agora, graças à internet, estamos voltando a uma época em que cada vez mais pessoas podem trabalhar por conta própria. Eu preferiria ser um empresário fracassado do que alguém que nunca tentou. Porque mesmo um empresário fracassado tem o conjunto de habilidades necessárias para se virar sozinho. [14]

> Existem quase sete bilhões de pessoas neste planeta. Espero que, algum dia, existam quase sete bilhões de empresas.

Aprendi a ganhar dinheiro porque era uma necessidade. Depois que deixou de ser uma necessidade, parei de me preocupar com isso. O trabalho, pelo menos para mim, era um meio para atingir uma meta. Ganhar dinheiro era um meio para atingir uma meta. Estou muito mais interessado em resolver problemas do que em ganhar dinheiro.

Qualquer objetivo final levará apenas a outro objetivo, que então levará a mais outro. Nós só estamos jogando na vida. Na juventude, estamos participando do jogo da escola ou do jogo social. Depois, participamos do jogo do dinheiro e, em seguida, do jogo do status. Esses jogos têm horizontes cada vez mais amplos e duradouros. Acredito que, até certo ponto, tudo isso é apenas jogo, cujo resultado realmente deixa de ter importância quando você percebe o mecanismo.

Então jogar se torna cansativo. Eu diria que me encontro em um estágio em que estou cansado de jogos. Não acho que haja um objetivo ou propósito final. Só estou levando a vida como eu quero. Faço isso literalmente o tempo todo.

Eu quero sair da esteira hedônica. [1]

O que você quer é liberdade. Você quer se livrar dos problemas financeiros, certo? Acho que isso é bom. Quando conseguir resolver seus problemas financeiros, seja reduzindo seu padrão de vida ou ganhando dinheiro suficiente, você vai querer se aposentar, mas não aos 65 anos, para ficar sentado em uma casa de repouso recebendo a pensão — trata-se de uma definição diferente.

Qual é a sua definição de aposentadoria?

Aposentadoria é quando você para de se sacrificar hoje por um amanhã imaginário. Quando o dia de hoje está completo por si só, você está aposentado.

Como se chega lá?

Bem, um dos jeitos é ter uma reserva de dinheiro que seja suficiente para que sua renda passiva (sem você levantar um dedo) cubra a *burn rate*, que representa os seus gastos.

Outro jeito é simplesmente reduzir a *burn rate* a zero — e aí você se torna um monge.

Um terceiro jeito é fazer o que ama. Quando você faz o que gosta, não importa o dinheiro. Portanto, existem várias maneiras de se aposentar.

Para sair da armadilha da competição é preciso ser autêntico e encontrar o que você sabe fazer melhor do que ninguém. Você sabe como fazer melhor porque ama isso, e ninguém pode competir com você. Se adora fazer alguma coisa, seja autêntico e descubra como mapear isso de acordo com o que a sociedade realmente deseja. Use um pouco de alavancagem e assuma a responsabilidade. Você se arrisca, mas ganha as recompensas, tem propriedade e ativos e só cresce. [75]

A sua motivação para ganhar dinheiro diminuiu depois que você se tornou financeiramente independente?

Sim e não. Sim, no sentido de que o desespero passou.

Mas criar negócios e ganhar dinheiro agora são mais um tipo de "arte". [72]

> Seja no comércio, na ciência ou na política — a história se lembra dos artistas.

Arte é criatividade. Arte é qualquer coisa feita pela coisa em si. Quais são as coisas feitas por elas mesmas sem nenhuma intenção por trás? Amar alguém, criar algo, brincar. Para mim, criar empresas é uma diversão, uma brincadeira. Eu monto negócios porque é divertido, porque gosto do produto. [75]

Posso criar um novo negócio em três meses: conseguir o dinheiro, montar uma equipe e lançá-lo. É divertido para mim. É muito legal ver o que posso fazer. Torna o dinheiro quase um efeito colateral. A criação de negócios é o jogo no qual me aperfeiçoei. Minha motivação deixou de ser voltada para um objetivo e passou a ser artística. Ironicamente, acho que estou muito melhor nisso agora. [72]

Até quando invisto é porque gosto das pessoas envolvidas, gosto de sair com elas, aprendo com elas, acho o produto muito legal. Hoje em dia, dispenso grandes investimentos quando não acho os produtos interessantes.

Tais coisas não são tudo ou nada. Você pode começar a se mover cada vez mais em direção a esse objetivo na vida. É um objetivo.

Quando eu era mais novo, costumava ficar tão desesperado para ganhar dinheiro que faria qualquer coisa. Se você tivesse aparecido e perguntado: "Ei, eu tenho uma empresa de transporte de esgoto, quer entrar nesse ramo?", eu teria respondido: "Ótimo, quero ganhar dinheiro!". Ainda bem que ninguém me ofereceu essa oportunidade. Estou feliz por ter trilhado o caminho da tecnologia e da ciência, algo de que realmente gosto. Consegui combinar minha vocação com meu passatempo.

Estou sempre "trabalhando". Parece trabalho para os outros, mas para mim é diversão. E é assim que sei que ninguém pode competir comigo. Porque estou apenas me divertindo, dezesseis horas por dia. Se os outros quiserem competir comigo, vão trabalhar e vão perder, já que não vão fazer isso dezesseis horas por dia, todos os dias. [75]

Qual era a quantia acumulada quando você sentiu que estava financeiramente seguro?

O dinheiro não é a raiz de todos os males; não há nenhum mal nele. Mas a cobiça por dinheiro é nociva. A cobiça por dinheiro não é ruim no sentido social. Não é ruim no sentido de "você é uma pessoa ruim por cobiçar dinheiro". É nociva para você.

Cobiçar dinheiro é ruim porque é um poço sem fundo. Sempre povoará a nossa mente. Se você adora e ganha dinheiro, nunca terá o suficiente. Você nunca ficará satisfeito, porque o desejo está aceso e não se apaga ao atingir determinada quantia. É uma falácia pensar que o desejo some quando se chega a determinado valor.

A punição por gostar de dinheiro aparece junto com ele. À medida que ganhamos dinheiro, queremos mais e ficamos mais paranoicos e com medo de perder o que temos. Nada é de graça.

Você ganha dinheiro para resolver seus problemas financeiros e materiais. Acho que a melhor maneira de ficar longe desse amor constante pelo dinheiro é não aumentar o padrão de vida à medida que a grana entra. É muito fácil seguir por esse caminho, mas, se conseguirmos manter um padrão de vida fixo e, com sorte, ganhar dinheiro em quantias gigantescas, em vez de um pingado de cada vez, não teremos tempo para aumentar o nosso padrão de vida. Poderemos ir tão mais adiante que seremos financeiramente livres.

Outra coisa que ajuda: valorizo a liberdade acima de tudo. Todos os tipos de liberdade: a de fazer o que quero, a de não fazer o que não quero, a liberdade das minhas próprias emoções ou de coisas que podem perturbar minha paz. Para mim, a liberdade é o principal valor.

O dinheiro é ótimo enquanto me permite comprar a liberdade. Mas não gosto quando me torna menos livre, o que, em algum nível, definitivamente também acontece. [72]

> Os vencedores de qualquer jogo são os que ficaram tão viciados que continuam jogando mesmo se a utilidade marginal da vitória diminui.

É necessário abrir uma empresa para ser bem-sucedido?

As pessoas mais consistentemente bem-sucedidas no Vale do Silício são investidores de risco (porque diversificam e controlam o que costumava ser um recurso escasso) ou são muito boas em identificar empresas que acabaram de lançar um produto que satisfaça às necessidades do mercado. Essas pessoas têm bagagem, experiência e referências que fazem com que as empresas realmente queiram a sua ajuda para escalonar. Em seguida, elas investem no mais recente Dropbox ou Airbnb da vida.

E as pessoas que estavam no Google e depois foram para o Facebook quando só contava com cem pessoas, e em seguida partiram para a Stripe quando lá só havia cem pessoas?

Quando Zuckerberg começou a expandir a empresa, entrou em pânico: "Não sei como fazer isso". Ligou para Jim Breyer [investidor e fundador da Accel Partners], que comentou: "Tenho um ótimo gerente de produto nessa outra empresa, você precisa dele". Essas pessoas tendem a fazer o melhor, considerando os riscos de longo prazo, ao contrário dos próprios investidores de risco. [28]

Algumas das pessoas mais bem-sucedidas que conheci no Vale do Silício viram suas carreiras deslancharem muito cedo. Foram promovidas a vice-presidente, diretor ou CEO, ou abriram uma empresa que se saiu bem logo de cara. Se você não está sendo promovido na hierarquia, a escalada fica muito mais difícil mais tarde. No início, é bom estar em uma empresa menor, porque a infraestrutura pequena facilita a promoção precoce. [74]

Para alguém que está no início da carreira (e talvez até mais tarde), a coisa mais importante em relação a uma empresa é a rede de ex-colegas que você vai estabelecer. Pense sobre quem vai trabalhar com você e o que essas pessoas farão. [74]

COMO TER SORTE
Por que você diz: "Fique rico sem precisar ter sorte"?

De mil universos paralelos, em 999 deles desejamos ser ricos. Não queremos ser ricos apenas nos cinquenta em que tivemos sorte, então queremos tirar o fator sorte da jogada.

Mas ter sorte ajudaria, certo?

Pouco tempo atrás, eu e Babak Nivi, cofundador das minhas empresas, estávamos conversando no Twitter sobre o que significa alguém ter sorte, e catalogamos quatro tipos de sorte.

O primeiro tipo é a sorte cega, em que alguém tem sorte porque aconteceu algo completamente fora de seu controle. Isso inclui boa fortuna, destino etc.

Também existe a sorte por meio da persistência, trabalho duro, diligência e movimento. É quando você fica pra lá e pra cá criando oportunidades. Você gera muita energia, faz de tudo para agitar as coisas. É quase como fazer uma mistura em uma placa de Petri ou combinar um monte de reagentes e ver no que dá. Você só está gerando força, diligência e energia suficientes para que a sorte o encontre.

Uma terceira maneira é se tornar muito bom em detectar a sorte. Se você for muito habilidoso em uma área, notará quando surgir um golpe de sorte, e isso vai passar batido por outras pessoas que não estão familiarizadas com a área. Então, você se tornará perceptivo à sorte.

O último tipo de sorte é o mais estranho e difícil, no qual você constrói um personagem peculiar, uma marca única, uma mentalidade ímpar, que faz com que a sorte vá até você.

Por exemplo, digamos que você seja a melhor pessoa do mundo em mergulhar em águas profundas. Você é conhecido por fazer mergulhos em águas profundas que mais ninguém se atreverá a tentar. Por pura sorte, alguém encontra um tesouro em um navio naufragado que ninguém consegue alcançar. Bem, a sorte dessa pessoa simplesmente se tornou a sua, porque ela virá atrás de você para pegar o tesouro, e você será pago por isso.

Esse é um exemplo extremo, mas mostra como a pessoa teve a sorte cega de encontrar o tesouro. Se procurarem você para recuperar o tesouro e lhe derem a metade, não é sorte cega. Você criou a própria sorte. Colocou-se em uma posição para capitalizar a sorte ou atrair a sorte quando ninguém mais criou oportunidade para si. Para ficar rico sem precisar ter sorte, queremos ser deterministas. Não queremos deixar isso ao acaso. [76]

> Maneiras de ter sorte:
> - Torcer para que a sorte encontre você.
> - Ser diligente até você esbarrar nela.
> - Preparar a mente e estar atento às oportunidades que os outros perdem.
> - Tornar-se o melhor no que faz. Aperfeiçoar o que você faz até que isso se torne realidade. A oportunidade vai procurar você. A sorte passa a ser o seu destino.

Quando começa a ser algo muito determinista, deixa de ser sorte. A definição começa a se distanciar da sorte e passa a ser destino. Para resumir o quarto tipo: construa sua persona de forma que ela se torne seu destino.

Uma das coisas que considero importante para ganhar dinheiro é ter uma reputação que leva as pessoas a fazerem negócios que envolvam você. Lembre-se do exemplo de ser um grande mergulhador. Os caçadores de tesouro vão aparecer e lhe oferecer uma parte do tesouro graças às suas habilidades de mergulho.

Se você é um negociador de confiança, de alta integridade, com boa reputação e que pensa a longo prazo, quando outras pessoas quiserem fazer negócios, mas não souberem como fazê-los de maneira confiável com estranhos, elas literalmente vão abordá-lo e lhe dar uma parte do negócio apenas por causa da integridade e da reputação que você construiu.

Warren Buffett recebe ofertas para comprar empresas, adquirir títulos de garantia, socorrer bancos e fazer coisas que outras pessoas não podem graças à reputação que conquistou. Claro, ele tem responsabilidade e uma marca forte em jogo.

Sua persona e sua reputação são algo que se pode construir, o que lhe permitirá aproveitar as oportunidades que outras pessoas podem considerar sorte, mas você sabe que não é o caso. [76] Meu cofundador, Nivi, disse: "Nos negócios de longo prazo, parece que todos estão enriquecendo uns aos outros. Nos negócios de curto prazo, parece que todo mundo está enriquecendo sozinho".

Considero uma definição brilhante. Nos negócios de longo prazo, trata-se de uma soma positiva. Estamos todos assando o bolo juntos, tentando torná-lo o maior possível. Nos negócios de curto prazo, estamos fatiando o bolo. [76]

Qual é a importância do networking?

Acho que o networking nos negócios é uma completa perda de tempo. E sei que há pessoas e empresas popularizando esse conceito porque atende bem a eles e ao modelo de negócios que adotam, mas a realidade é que, se você está desenvolvendo algo interessante, sempre haverá mais pessoas querendo conhecê-lo. Tentar estabelecer relações de negócios muito antes de fazer negócios é uma completa perda de tempo. Tenho uma filosofia muito mais confortável: "Crie algo que pessoas interessantes queiram. Mostre seu ofício, pratique-o, e as pessoas certas acabarão encontrando você". [14]

Depois de conhecer uma pessoa, como você determina que pode confiar nela? Você presta atenção a que tipo de sinais?

Se alguém fala muito sobre o quanto é honesto, provavelmente é desonesto. Esse é apenas um pequeno indicativo bastante revelador que aprendi. Quando alguém passa muito tempo falando sobre os próprios valores, ou está exagerando ou está querendo esconder alguma coisa. [4]

> Os tubarões comem bem, mas vivem cercados de outros tubarões.

Convivo com ótimas pessoas extremamente bem-sucedidas, muito desejadas (todo mundo quer ser amigo delas), muito inteligentes. Ainda assim, já as vi terem uma ou duas atitudes não muito agradáveis em relação aos outros. Na primeira vez, digo: "Ei, não acho que você deva agir assim com aquela pessoa, não porque você não vai escapar impune; você vai se safar, mas, no fim das contas, vai acabar se machucando".

Não de algum modo cósmico ou cármico, mas acredito que, no fundo, todos sabemos quem somos. Não se pode esconder nada de si mesmo. Suas próprias falhas estão escritas na sua psique e lhe parecem óbvias. Se você tiver muitos desses defeitos morais, não respeitará a si mesmo. O pior que pode acontecer neste mundo é não termos autoestima. Se você não se ama, quem o amará?

Acho que é necessário tomarmos muito cuidado ao fazermos coisas de que não vamos nos orgulhar, porque vão ser prejudiciais. Na primeira vez que alguém age dessa maneira, eu aviso. Mas o fato é que ninguém muda, então apenas me afasto dessas pessoas. Eu as elimino da minha vida. Costumo dizer para mim mesmo: "Quanto mais próximo alguém quiser ser de mim, melhores devem ser seus valores". [4]

DÊ-ME UMA ALAVANCA LONGA O SUFICIENTE

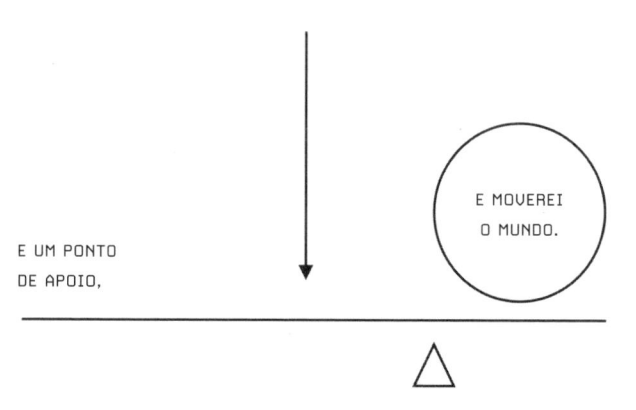

E UM PONTO
DE APOIO,

E MOVEREI
O MUNDO.

SEJA PACIENTE

Uma coisa que descobri mais tarde na vida é que geralmente (pelo menos no ramo de tecnologia do Vale do Silício) ótimas pessoas têm ótimos resultados. Basta ter paciência. Todos que conheci no início da carreira, há vinte anos, as pessoas para quem olhei e disse: "Uau, este aqui ou aquela ali é supercapaz — muito inteligente e dedicado" — todas elas, quase sem exceção, tornaram-se extremamente bem-sucedidas. Só precisavam de um prazo adequado. Isso nunca acontece no prazo que você — ou qualquer um — deseja, mas acontece. [4]

> Aplique conhecimentos específicos com alavancagem e vai acabar conseguindo o que merece.

Demora — mesmo depois de ter todas as peças no lugar, é necessário dedicar uma quantidade indeterminada de tempo. Se você estiver contando o tempo, perderá a paciência antes que o sucesso surja de fato.

Todo mundo quer ficar rico da noite para o dia, mas o mundo é um lugar eficiente; o que é imediato não funciona. Temos que investir tempo. Você tem que investir horas de trabalho, então acho que tem que se colocar em posição de destaque munido de conhecimento específico, responsabilidade, alavancagem e o conjunto de habilidades autênticas que construiu para ser o melhor do mundo naquilo que faz.

É necessário gostar e continuar fazendo sem parar. Não fique acompanhando e não contabilize porque, se o fizer, ficará sem tempo. [76]

O conselho ruim que escuto com mais frequência é: "Você é jovem demais". A maior parte da história foi construída por jovens. Eles só ganharam crédito quando estavam mais velhos. A única maneira de realmente aprender alguma coisa é colocando a mão na massa. Sim, ouça a orientação. Mas não espere. [3]

> As pessoas são estranhamente consistentes. O carma é só você repetindo seus padrões, suas virtudes e suas falhas até que finalmente consiga o que merece.
>
> Sempre retribua. E não fique contabilizando.

Isso não quer dizer que é fácil. Não é fácil. Na verdade, é extremamente difícil. É a coisa mais difícil que você fará. Mas também é gratificante. Veja as crianças que já nascem ricas — elas não têm sentido na vida.

O seu verdadeiro currículo é apenas um catálogo de todo o seu sofrimento. Se eu pedir que você descreva a sua vida real para si mesmo, e, do seu leito de morte, você olhar para trás para as coisas interessantes que fez, tudo vai girar em torno dos sacrifícios, das coisas difíceis.

No entanto, nada do que é dado é importante. Você tem dois braços e duas pernas, cérebro, cabeça, pele — tudo isso é tido como garantido. De qualquer forma, você tem que fazer coisas difíceis para criar seu próprio significado na vida. Ganhar dinheiro é uma boa escolha. Vá à luta. É difícil. Não vou dizer que é fácil. É muito difícil, mas todas as ferramentas estão disponíveis. Está tudo por aí. [75]

O dinheiro compra liberdade no mundo material. Não vai trazer felicidade, não vai resolver os problemas de saúde, não vai deixar a família maravilhosa, não vai deixar ninguém em forma, não vai acalmar nenhum ânimo. Mas vai resolver muitos problemas externos. É um passo razoável seguir em frente e ganhar dinheiro. [10]

Ganhar dinheiro resolve os problemas financeiros. Tira de campo um conjunto de coisas que poderiam atrapalhar a felicidade, mas não faz ninguém feliz. Conheço muitas pessoas muito ricas que são infelizes. Na maioria das vezes, para ganhar dinheiro, precisamos nos tornar alguém extremamente ansioso, estressado, trabalhador e competitivo. Quando você está nesse esquema há vinte, trinta, quarenta, cinquenta anos e, de repente, ganha dinheiro, não consegue desligar. Você treinou a si mesmo para ser muito ansioso. E aí tem que aprender a como ser feliz. [11]

Primeiro, vamos deixá-lo rico. Sou muito prático quanto a isso porque, como você sabe, Buda era um príncipe. Ele começou muito rico, e aí teve que ir para a floresta.

Antigamente, se alguém quisesse ter paz interior, acabava se tornando um monge. Desistiria de tudo, renunciaria ao sexo, aos filhos, ao dinheiro, à política, à ciência, à tecnologia, a tudo, e iria sozinho para a floresta. Era preciso abdicar de tudo para ser livre por dentro.

Hoje, com essa invenção maravilhosa chamada dinheiro, podemos guardá-lo em uma conta bancária. Podemos trabalhar muito, fazer coisas grandiosas pela sociedade, que, por sua vez, pagará pelas coisas que deseja, mas que não sabe como conseguir. É possível economizar dinheiro, viver um pouco abaixo de sua condição e encontrar certa liberdade.

Isso lhe dará tempo e energia para buscar a paz e a felicidade internas. Acredito que a solução para deixar todos felizes é lhes dar o que querem.

Vamos deixar todos ricos.

Vamos deixar todos em forma e saudáveis.

E, depois, vamos deixar todos felizes. [75]

> É incrível como muitos confundem riqueza com sabedoria.

DESENVOLVA DISCERNIMENTO

> Não há atalho para a inteligência.

DISCERNIMENTO

Se você quiser ganhar o máximo de dinheiro possível, se quiser ficar rico de uma forma deterministicamente previsível, fique na vanguarda das tendências e estude tecnologia, design e arte — torne-se realmente bom em alguma coisa. [1]

> Ninguém fica rico gastando tempo para economizar dinheiro.
>
> Você fica rico economizando tempo para ganhar dinheiro.

O trabalho duro é muito superestimado. O quanto trabalhamos é muito menos importante na economia moderna.

O que é subestimado?

O discernimento. O discernimento é subestimado. [1]

Você pode definir discernimento?

Minha definição de sabedoria é conhecer as consequências a longo prazo de nossas ações. E a sabedoria aplicada a problemas externos é discernimento. Ambos estão altamente relacionados; saber quais são as consequências a longo prazo de nossas ações e, em seguida, tomar a decisão certa para capitalizar em cima disso. [76]

> Em uma era de alavancagem, uma decisão certa pode levar à vitória.
>
> Sem trabalho duro, você não conseguirá discernimento nem alavancagem.

É necessário investir tempo, mas o discernimento é mais importante. O rumo que tomamos importa mais do que a velocidade com que seguimos, especialmente com alavancagem. Escolher o rumo a tomar para cada decisão é muito, muito mais importante do que a força aplicada. Basta escolher a direção certa para seguir e, então, começar a andar. [1]

COMO PENSAR COM CLAREZA

> "Pensar com clareza" é mais elogioso do que "ser inteligente".

O conhecimento real é intrínseco e é construído do zero. Para usar um exemplo matemático, é possível entender de trigonometria sem saber aritmética e geometria. Basicamente, se alguém está usando muitas palavras extravagantes e muitos conceitos complexos, é provável que não saiba do que está falando. Considero que as pessoas mais inteligentes são capazes de explicar as coisas para uma criança. Se você não consegue explicar algo a uma criança, é porque não entende do assunto. É um ditado comum e muito verdadeiro.

Richard Feynman fez isso de forma brilhante em "Six Easy Pieces" (Seis peças simples), uma de suas primeiras palestras de física. Ele basicamente explica matemática em três páginas: começa na reta numérica — contando — e depois vai até o pré-cálculo. Apenas destrincha tudo por meio de uma cadeia ininterrupta de lógica. Não utiliza definição alguma.

Os pensadores realmente inteligentes são os que pensam com clareza. Eles entendem o básico em um nível muito, muito fundamental. Prefiro entender o básico muito bem a memorizar todos os tipos de conceitos complicados que não consigo deduzir de novo a partir do básico. Se você não consegue relembrar os conceitos básicos quando precisa deles, está perdido. Está só decorando. [4]

Os conceitos avançados em determinada área são menos comprovados. Nós os usamos para demonstrar conhecimento interno, mas seria melhor acertarmos o básico. [11]

> Quem pensa com clareza atrai a própria autoridade.

Tomar decisões eficazes se resume, em parte, a lidar com a realidade. Como garantir que estamos lidando com a realidade ao tomarmos decisões?

Sem um forte senso de si mesmo, ou discernimento ou presença mental, a "mente de macaco" sempre vai regurgitar uma resposta emocional regurgitada ao que considera que o mundo deveria ser. Esses desejos vão obscurecer a realidade. Isso acontece muitas vezes quando se mistura política e negócios.

A primeira coisa que turva a realidade para nós são nossas noções preconcebidas sobre como ela deveria ser.

Uma definição de período de sofrimento é "o instante em que você vê as coisas exatamente como são". Por todo esse tempo, você se convenceu de que seu negócio está indo muito bem e, na verdade, ignorou os sinais de que não estava tão bem assim. Aí, seu negócio fracassa, e você sofre porque esteve adiando a realidade. Você a escondeu de si mesmo.

A boa notícia é que o período de sofrimento — quando se sente dor — é a hora da verdade. É o momento em que somos forçados a aceitar a realidade como ela realmente é. A partir daí, é possível fazer mudanças e progressos significativos. Só é possível progredir quando se parte da verdade.

O mais difícil é enxergar a verdade. Para isso, é preciso deixar o ego de lado, porque ele não quer encarar a verdade. Quanto menor puder deixar o seu ego, menos condicionado você fica para reagir, menos desejos você terá em relação ao resultado que almeja e mais fácil será enxergar a realidade.

> O que desejamos que seja verdade atrapalha a nossa percepção do que de fato é verdadeiro. O sofrimento é o momento em que não podemos mais negar a realidade.

Imagine que estejamos passando por algo difícil, como uma separação, uma perda de emprego, um fracasso comercial ou um problema de saúde, e nossos amigos estão nos aconselhando. Quando damos conselhos, a resposta é óbvia. Em um minuto, dizemos exatamente assim: "Ah, supere isso; aquela garota não era a pessoa certa para você. Você vai ser mais feliz. Confie em mim. Você vai encontrar alguém".

Você sabe a resposta certa, mas seu amigo não consegue enxergá-la, porque está passando por um momento de dor e sofrimento. Ele ainda quer que a realidade seja diferente. O problema não é a realidade, mas sim esse desejo, que está em conflito com a realidade e o impede de enxergar as coisas como são, não importa quantas vezes você diga. O mesmo acontece quando tomamos decisões.

Quanto mais desejo que algo funcione de determinada forma, menos provável é que eu enxergue a verdade. Nos negócios, sobretudo, se algo não está indo bem, tento reconhecer isso publicamente e na frente de meus cofundadores, amigos e colegas de trabalho. Aí, passo a não esconder mais de ninguém. Se não estou escondendo de ninguém, não vou me iludir com o que realmente está acontecendo. [4]

> O que você sente não revela nada sobre os fatos — apenas mostra algo sobre a sua avaliação dos fatos.

Na verdade, é muito importante ter espaços livres na agenda. Se você não tiver um ou dois dias por semana em que não esteja sempre em reuniões ou ocupado, não será capaz de pensar.

Você não será capaz de ter boas ideias para o seu negócio. Não será capaz de ter um bom discernimento. Eu também o incentivo a reservar pelo menos um dia por semana (de preferência dois, porque se planejou dois, terá apenas um) no qual tenha apenas tempo para pensar.

Só depois que ficamos entediados é que surgem as grandes ideias — o que nunca acontecerá quando estivermos estressados ou ocupados, correndo ou com pressa. Encontre tempo. [7]

> Pessoas muito inteligentes tendem a ser estranhas, pois insistem em pensar sobre tudo.

> Divergir não é se opor sempre — isso seria apenas outra maneira de se conformar. Quem diverge raciocina de forma independente desde o início e resiste à pressão de concordar com algo.

> O cinismo é fácil. O mimetismo também.
> Pessoas que divergem e são otimistas são a espécie mais rara do mundo.

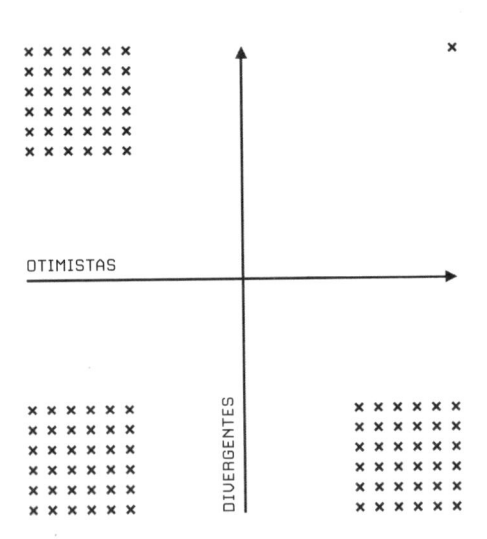

```
x x x x x x                              x
x x x x x x
x x x x x x
x x x x x x
x x x x x x
x x x x x x

OTIMISTAS ─────────────────┼─────────────────▶


              ┃
x x x x x x   ┃   x x x x x x
x x x x x x   ┃   x x x x x x
x x x x x x  DIVERGENTES  x x x x x x
x x x x x x   ┃   x x x x x x
x x x x x x   ┃   x x x x x x
x x x x x x   ┃   x x x x x x
```

ABANDONE SUA IDENTIDADE PARA VER A REALIDADE

O nosso ego é desenvolvido nos nossos anos de formação, nas primeiras duas décadas de vida. É desenvolvido pelo ambiente em que vivemos, pelos nossos pais, pela sociedade. Depois, passamos o resto da vida tentando fazer nosso ego feliz. Interpretamos qualquer coisa nova através das linhas do nosso ego: "Como faço para mudar o mundo externo de forma a torná-lo mais parecido com o que eu gostaria que fosse?". [8]

> "Tensão é quem você pensa que deveria ser. Relaxamento é quem você é."
>
> — Provérbio budista

É absolutamente necessário ter hábitos para funcionar. Não é possível resolver todos os problemas da vida como se fosse a primeira vez que você se depara com eles. Acumulamos todos esses hábitos. Nós os colocamos no pacote da identidade, do ego, de nós mesmos, então nos apegamos a eles. "Eu sou Naval. Eu sou assim."

É muito importante ser capaz de se descondicionar, de separar seus hábitos e dizer: "Tudo bem, esse é um hábito que provavelmente adquiri quando era criança para tentar chamar a atenção dos meus pais. Por tê-lo reforçado repetidas vezes, acabo considerando-o parte da minha identidade. Isso ainda é adequado para mim? Isso me deixa mais feliz? Isso me torna mais saudável? Isso me faz cumprir tudo o que me propus a realizar?".

Sou menos adepto dos hábitos do que a maioria das pessoas. Não gosto de organizar o meu dia. Tento tornar os meus hábitos mais deliberados, em vez de acidentes históricos. [4]

> Qualquer crença que você tenha tirado de um pacote (democrata, católico, americano etc.) é suspeita e deve ser reavaliada a partir de princípios básicos.

Tento não tomar muitas decisões de antemão. Acho que criar identidades e rótulos nos bloqueia e nos impede de enxergar a verdade.

> Para ser honesto é preciso falar sem identidade.

Eu costumava me identificar como libertário, mas de repente me via defendendo posições sobre as quais não tinha ponderado muito só porque fazem parte do cânone libertário. Se todas as suas crenças se encaixam em pacotinhos organizados, é preciso ligar o alerta.

Não gosto mais de me rotular em quase nenhum quesito, o que me impede de ter muitas das chamadas "crenças estáveis". [4]

> Cada um de nós tem uma crença divergente que é rejeitada pela sociedade; mas, quanto mais a nossa própria identidade e tribo a rejeitarem, mais real ela provavelmente é.

Existem duas lições interessantes sobre o sofrimento a longo prazo. Ele pode nos fazer aceitar o mundo como é. A outra lição é que pode fazer o ego mudar de uma forma extremamente dura.

Digamos que você seja um atleta competitivo e sofra uma contusão séria, como Bruce Lee. É preciso aceitar que ser um atleta não representa toda a sua identidade, e talvez você possa forjar uma nova identidade como filósofo. [8]

> O Facebook se reinventa. O Twitter se reinventa. As personalidades, as carreiras e as equipes também precisam se reinventar. Não existem soluções permanentes em um sistema dinâmico.

TENSÃO É QUEM VOCÊ PENSA QUE DEVERIA SER.

———————————————

RELAXAMENTO É QUEM VOCÊ É.

APRENDA AS HABILIDADES DE TOMADA DE DECISÃO

As virtudes clássicas são todas heurísticas de tomada de decisão para fazer otimizações a longo prazo, e não a curto prazo. [11]

> Conclusões egocêntricas devem ter um sarrafo mais alto.

Muitos dos meus objetivos ao longo dos próximos anos têm a ver com descondicionar respostas aprendidas anteriormente ou aquelas já costumeiras, para que eu tenha mais clareza no momento, sem depender da memória ou de heurísticas e discernimentos pré-empacotados. [4]

> Quase todos os vieses são heurísticas que economizam tempo. Para tomar decisões importantes, deixe a memória e a identidade de lado e concentre-se no problema.

A honestidade radical significa apenas que quero ser livre. Parte de ser livre significa que posso dizer o que penso e pensar o que digo. Há alta congruência e integração. O físico teórico Richard Feynman disse a célebre frase: "Você nunca deve enganar ninguém; mas você é a pessoa mais fácil de ser enganada." Quando mentimos para alguém, mentimos para nós mesmos. E aí passamos a acreditar na própria mentira, o que nos desconectará da realidade e acabará nos conduzindo pelo caminho errado.

> Nunca pergunto se "gosto" ou "não gosto". Penso "isso é o que é" ou "isso é o que não é".
>
> — Richard Feynman

Para mim, é muito importante ser honesto. Não saio por aí distribuindo opiniões negativas ou desagradáveis. Prefiro aliar honestidade radical a uma antiga regra de Warren Buffett que diz respeito a elogiar o específico e criticar o geral. Tento seguir essa conduta. Nem sempre é possível, mas acho que a sigo o suficiente a ponto de ter feito diferença na minha vida.

Se você precisa ter uma crítica sobre alguém, não critique a pessoa, mas sim a abordagem geral ou a classe de atividades. Se tem que elogiar alguém, sempre tente encontrar aquele que constitui o melhor exemplo do que você está louvando e enalteça a pessoa em específico. Dessa forma, o ego e a identidade das outras pessoas, aspectos que todos nós temos, não trabalharão contra você, mas sim a seu favor. [4]

Algum conselho sobre como desenvolver a capacidade de honestidade direta e instintiva?

Fale com todo mundo. Comece agora. Não precisa ser direto de um jeito áspero. Carisma é a capacidade de projetar confiança e amor ao mesmo tempo. Quase sempre é possível ser honesto e positivo. [69]

Como investidor e CEO da AngelList, você é pago para estar certo quando as outras pessoas estão erradas. Há algum processo envolvido na forma como você toma decisões?

Sim. A tomada de decisões é tudo. A verdade é que alguém que toma decisões certas em 80% das ocasiões, e não em 70%, será centenas de vezes mais valorizado e recompensado pelo mercado.

Acho que as pessoas têm dificuldade em entender um fato fundamental da alavancagem: se eu gerenciar 1 bilhão de dólares e estiver certo 10% mais vezes do que outra pessoa, minha tomada de decisão vai gerar 100 milhões de dólares de valor em discernimento. Com a tecnologia moderna e grandes forças de trabalho e capital, nossas decisões estão cada vez mais alavancadas.

Se você puder ser mais certeiro e racional, terá retornos não lineares na vida. Adoro o blog *Farnam Street* porque o foco é em nos ajudar a sermos mais precisos, a tomar decisões melhores no geral. A tomada de decisão é tudo. [4]

> Quanto mais sabemos, menos diversificamos.

COLECIONE MODELOS MENTAIS

Durante a tomada de decisões, o cérebro é uma máquina de previsões baseadas em memórias.

Um jeito raso de fazer previsão baseada em memória é "X aconteceu no passado; portanto, X acontecerá no futuro". Fica tudo muito amparado por circunstâncias específicas. O que queremos são princípios. Queremos modelos mentais.

Os melhores modelos mentais que encontrei vieram da evolução, da teoria dos jogos e de Charlie Munger. Charlie Munger é sócio de Warren Buffett e um excelente investidor. Tem uma enxurrada de ótimos modelos mentais. O autor e trader Nassim Taleb tem ótimos modelos mentais. Benjamin Franklin tinha ótimos modelos mentais. Basicamente, encho minha cabeça de modelos mentais. [4]

Uso os meus tuítes e os de outras pessoas como máximas que ajudam a resumir meus próprios aprendizados e a relembrá-los. O espaço do cérebro é finito — temos neurônios finitos —, então praticamente podemos encarar esses tuítes como indicadores, direções ou mnemônicos para nos ajudar a lembrar princípios arraigados que se valem da nossa experiência subjacente.

Se não tivermos a experiência subjacente, essas máximas parecem apenas uma coletânea de citações. É legal, é inspirador por um tempo, talvez vire um pôster legal... Até que esquecemos e seguimos em frente. Modelos mentais são, na verdade, apenas formas compactas de relembrar seu próprio conhecimento. [76]

EVOLUÇÃO

Acho que muitos aspectos da sociedade moderna podem ser explicados por meio da evolução. Uma teoria é que a civilização existe para responder à questão de quem consegue acasalar. Se observarmos ao redor, sob uma perspectiva puramente de seleção sexual, o esperma é abundante, e os óvulos são escassos. É um problema de alocação.

Literalmente, todas as obras da humanidade podem ser atribuídas a pessoas que tentam resolver esse problema.

A evolução, a termodinâmica, a teoria da informação e a complexidade têm poder explanatório e preditivo em muitos aspectos da vida. [11]

INVERSÃO

Não acho que tenho a capacidade de dizer o que vai funcionar. Em vez disso, tento eliminar o que não vai funcionar. Acho que ter sucesso tem a ver apenas com o fato de não cometer erros. Não se trata de ter um discernimento certeiro, trata-se de evitar discernimentos errôneos. [4]

TEORIA DA COMPLEXIDADE

Em meados dos anos 1990, eu curtia muito a teoria da complexidade. Quanto mais me aprofundo, mais entendo os limites de nosso conhecimento e de nossa capacidade de prever as coisas. A complexidade tem sido muito útil para mim e me ajudou a alcançar um sistema que funciona a despeito da ignorância. Acredito que somos fundamentalmente ignorantes e muito, muito ruins em prever o futuro. [4]

ECONOMIA

A microeconomia e a teoria dos jogos são fundamentais. Não acho que seja possível ter sucesso nos negócios ou mesmo transitar entre a maior parte de nossa sociedade capitalista moderna sem contar com um excelente entendimento de oferta e demanda, trabalho versus capital, teoria dos jogos e esse tipo de coisa. [4]

> Ignore o ruído. O mercado decidirá.

O DILEMA DA AGÊNCIA

A meu ver, o dilema da agência é o desafio mais fundamental da microeconomia. Se não compreendermos esse dilema, não saberemos como transitar pelo mundo. Se o objetivo for montar uma empresa de sucesso ou ser bem-sucedido nos negócios, esse é um assunto muito importante.

É um conceito muito simples. Júlio César disse a famosa frase: "Se você quer que algo seja feito, vá em frente. Se não quiser, repasse". O que ele quis dizer foi que, se quer que algo seja feito direito, então faça você mesmo. Quando você é o principal, também é o dono —

você se importa e fará um ótimo trabalho. Quando você é o agente e está atuando em prol de outra pessoa, é possível que faça um péssimo trabalho. Você simplesmente não se importa. Otimiza para si mesmo, mas não para contribuir para os ativos do principal.

Quanto menor a empresa, mais todos sentem que são os principais. Quanto menos você se sentir um agente, melhor será o trabalho realizado. Quanto mais vincular a compensação de alguém ao valor exato que essa pessoa está gerando, mais você a transforma em principal e menos em agente. [12]

Em um nível bem básico, acho que conseguimos compreender isso. Somos impelidos em direção aos principais e nos unimos a eles, mas a mídia e a sociedade moderna passam muito tempo fazendo uma lavagem cerebral sobre a necessidade de um agente que seja importante e instruído. [12]

JUROS COMPOSTOS

Juros compostos — a maioria deve ter ouvido falar disso no âmbito de finanças. Do contrário, abra um livro de microeconomia. Vale a pena ler um livro de microeconomia do início ao fim.

Para dar um exemplo de juros compostos, digamos que você ganhe 10% ao ano em cima de 1 dólar. No primeiro ano, você ganha 10% e acaba com 1,10 dólar. No ano seguinte, você tem 1,21 e, no outro, 1,33 dólar. O montante continua subindo. Se há o acréscimo de 30% ao ano durante trinta anos, você não ganha apenas dez ou vinte vezes o valor do seu dinheiro, mas acaba ficando com milhares de vezes esse valor. [10]

No domínio intelectual, são os juros compostos que mandam. Quando analisamos uma empresa com cem usuários crescendo a uma taxa composta de 20% ao mês, esse público pode chegar a milhões de usuários muito depressa. Às vezes, até mesmo os fundadores dessas empresas ficam surpresos ao ver a magnitude desse crescimento. [10]

MATEMÁTICA BÁSICA

Acho que a matemática básica é muito subestimada. Se você vai ganhar dinheiro, se vai investir dinheiro, precisa ter um ótimo domínio de matemática básica. Você não precisa aprender geometria, trigonometria, cálculo ou qualquer uma das partes complicadas se estiver apenas montando um negócio. Mas aritmética, probabilidade e estatística, que são extremamente importantes, são necessárias. Abra um livro de matemática básica e verifique se você é realmente bom em multiplicação, divisão, cálculo de juros, probabilidade e estatística.

O CISNE NEGRO

Há um novo ramo da estatística e probabilidade, que realmente gira em torno de eventos de cauda. Cisnes negros são probabilidades extremas. Mais uma vez, devo mencionar Nassim Taleb, que considero um dos maiores cientistas-filósofos da nossa época. O trabalho dele nessa área é realmente pioneiro.

CÁLCULO

É útil saber cálculo, entender as taxas de mudança e como a natureza funciona. Mas é mais importante entender os princípios do cálculo — em que você está medindo a mudança em pequenos eventos discretos ou contínuos. Não é importante saber resolver integrais ou derivadas de cor, porque você não vai precisar disso no mundo dos negócios.

FALSEABILIDADE

A falseabilidade, embora seja o princípio mais importante para qualquer um que use a "ciência" a seu favor, é pouco compreendida. Se não faz previsões falseáveis, não é ciência. Para você acreditar que algo é verdadeiro, deve ter poder preditivo e ser falseável. [11]

Acho que, por não fazer previsões falseáveis (que é a marca registrada da ciência), a macroeconomia ficou corrompida. Quando estudamos economia, nunca há um contraexemplo. Não é possível pegar a economia dos Estados Unidos e pôr dois experimentos diferentes em prática ao mesmo tempo. [4]

SE VOCÊ NÃO CONSEGUE DECIDIR, A RESPOSTA É NÃO.

Se me deparo com uma escolha difícil como:

→ Devo me casar com essa pessoa?
→ Devo aceitar este trabalho?
→ Devo comprar esta casa?
→ Devo me mudar para esta cidade?
→ Devo abrir um negócio com essa pessoa?

Se não consigo decidir, a resposta é não. E a razão para isso é que a sociedade moderna está cheia de opções. Existe uma infinidade de opções. Vivemos em um planeta de sete bilhões de pessoas e estamos conectados a todas pela internet. Existem centenas de milhares de carreiras disponíveis. Existem tantas escolhas.

Você não foi biologicamente desenvolvido para perceber quantas opções existem. Historicamente, todos nós evoluímos em tribos de 150 pessoas. Quando alguém aparece, talvez essa seja a sua única opção de parceiro.

Quando escolhemos algo, ficamos presos a essa escolha por um longo período de tempo. Começar um negócio pode levar dez anos. Você começa um relacionamento que pode durar cinco anos ou mais. Você se muda para uma cidade e passa de dez a vinte anos por lá. Essas são decisões muito, muito duradouras. É extremamente importante dizermos sim apenas quando tivermos certeza. Nunca teremos certeza absoluta, mas teremos bastante certeza.

Se estiver criando uma planilha para tomar uma decisão com base em uma lista cheia de "sim" e "não", de prós e contras, freios e contrapesos, lado bom ou lado ruim (...) esqueça. Se você não consegue decidir, a resposta é não. [10]

CORRA MORRO ACIMA

> Heurística simples: se você estiver igualmente dividido diante de uma decisão difícil, escolha o caminho mais doloroso a curto prazo.

Se você tem duas escolhas relativamente iguais a fazer, escolha o caminho mais difícil e doloroso a curto prazo.

O que realmente acontece é que um desses caminhos exige sentir a dor a curto prazo, e o outro leva à dor no futuro. Para evitar conflitos, o cérebro tenta afastar a dor a curto prazo.

Por definição, se os dois são iguais e um envolve dor a curto prazo, esse caminho conta com um ganho a longo prazo. No que diz respeito à lei dos juros compostos, o ganho a longo prazo é o que você deseja.

O cérebro está atribuindo um valor muito alto ao lado da felicidade a curto prazo e tentando evitar aquele com dor a curto prazo.

Portanto, é necessário anular essa tendência, que é uma tendência subconsciente poderosa, e sempre optar por ir para o lado da dor. Como se sabe, a maioria dos ganhos na vida vem do sofrimento a curto prazo para que se possa receber a recompensa a longo prazo.

Para mim, malhar não é uma atividade divertida; a curto prazo, sofro, sinto dor. Mas, a longo prazo, eu me sinto melhor porque tenho músculos ou estou mais saudável.

Se fico confuso ao ler um livro, é como malhar e o músculo ficar dolorido ou fadigado, mas nesse caso é o meu cérebro que está sobrecarregado. A longo prazo, estou ficando mais inteligente, já que absorvo novos conceitos por trabalhar no limite ou no limiar da minha capacidade.

Portanto, no geral, o melhor é tentar sempre pender para o lado das coisas que causem dor a curto prazo, mas que trazem ganho a longo prazo.

Quais são as maneiras mais eficientes de construir novos modelos mentais?

Leia muito — simplesmente leia. [2]

> Dedicar uma hora por dia a ler sobre ciência, matemática e filosofia provavelmente vai colocá-lo, em sete anos, no escalão superior do sucesso.

APRENDA A AMAR LER

(Recomendações específicas para livros, blogs e mais estão na seção "Recomendações de leitura de Naval".)

Quando cultivado, o amor genuíno pela leitura é um superpoder. Vivemos na era de Alexandria, em que cada livro, cada trecho de conhecimento já escrito, está à distância de um dedo. Os meios de aprendizagem são abundantes — o desejo de aprender é que é escasso. [3]

> A leitura foi o meu primeiro amor. [4]

Lembro-me da casa dos meus avós, na Índia, quando eu era um garotinho. Ficava sentado no chão lendo todas as revistas *Reader's Digests* do meu avô, que era tudo o que ele tinha para ler. Agora, é claro, há uma enorme variedade de informações por aí — qualquer pessoa pode ler qualquer coisa a qualquer momento. Naquela época, era muito mais limitado. Eu lia histórias em quadrinhos, contos, tudo o que estivesse ao meu alcance.

Acho que sempre adorei ler porque, na verdade, sou introvertido antissocial. Desde cedo, me vi perdido no mundo das palavras e das ideias. Acho que parte disso vem da feliz circunstância de que, quando eu era jovem, ninguém me obrigava a ler certas coisas.

Acredito que exista uma tendência entre pais e professores a dizer: "Ah, você deveria ler isto, mas não aquilo". Eu leio muito do que (pelos padrões de hoje) seria considerado junk food para o cérebro. [4]

> Leia o que você ama até amar ler.

Basicamente lemos algo porque estamos interessados naquilo. Nenhum outro motivo é necessário. Não há uma missão a cumprir. Apenas leia porque você gosta de ler.

Hoje me pego relendo tanto (ou mais) quanto leio. Um tuíte de @illacertus mencionou: "Não quero ler tudo. Eu só quero ler e reler sem parar os cem grandes livros". Acho que essa ideia tem muito a dizer. Tem muito mais a ver com identificar os melhores livros, porque livros diferentes são voltados para pessoas diferentes. Só depois de identificar os livros de que você gosta é que será realmente possível absorvê-los.

> Ler não é uma corrida para ver quem é mais rápido — quanto melhor o livro, mais lentamente deve ser absorvido.

Eu não sei você, mas não consigo manter o foco por muito tempo. Passo os olhos pelas páginas. Leio rápido. Pulo. Eu não seria capaz de lhe dizer passagens específicas ou citações de livros. Em algum nível profundo, você absorve essas informações, que se tornam fios na tapeçaria de sua psique. Meio que ficam entrelaçados ali.

Tenho certeza de que você já teve a sensação de começar a ler um livro e pensar: "Isso é muito interessante. Muito bom mesmo". E aí começa a ter uma sensação cada vez maior de *déjà vu*. Então, no meio da leitura, você percebe: "Já li este livro". Isso é perfeitamente aceitável. Significa que você estava pronto para relê-lo. [4]

> Na verdade, não leio muitos livros. Começo muitos e termino apenas alguns, que constituem o alicerce do meu conhecimento.

A realidade é que, apesar do que as pessoas pensam, eu não leio muito. Devo passar no máximo uma ou duas horas por dia lendo, e só isso já me coloca no top 0,0001%. Acho que só isso explica qualquer sucesso material que tive em minha vida e qualquer inteligência que eu possa ter. Pessoas reais não leem uma hora por dia. Pessoas reais, creio eu, devem ler um minuto por dia ou menos. Tornar a leitura um hábito de verdade é o mais importante.

Quase não faz diferença o que lemos. Com o tempo, você lerá coisas suficientes (e seus interesses o guiarão até elas) para melhorar drasticamente a sua vida. Assim como o melhor treino para você é aquele que o deixa animado o suficiente para completar todos os dias, eu diria que, no caso de livros, blogs, tuítes ou qualquer coisa — algo que envolva ideias, informações e aprendizado —, os melhores são aqueles que você se anima a ler o tempo todo. [4]

> "Quando estou com um livro na mão, não sinto que estou desperdiçando tempo."
>
> — Charlie Munger

O cérebro de cada indivíduo funciona de um jeito diferente. Algumas pessoas adoram fazer anotações. Na verdade, o Twitter funciona para mim como um caderno de anotações. Eu leio sem parar. Se eu tiver alguma ideia ou conceito fundamental do tipo "arrá", o formato do Twitter me obriga a destilá-lo em alguns poucos caracteres. Tento expor isso como um aforismo. Depois sou atacado por pessoas aleatórias que apontam todos os tipos de exceções óbvias e partem para cima de mim. E aí penso: "Por que fiz isso de novo?". [4]

> Apontar exceções óbvias implica que ou o alvo não é inteligente ou você não é.

Quando você pega um livro pela primeira vez, está em busca de algo interessante? Como você faz? Simplesmente abre uma página aleatória e começa a ler? Qual é o seu processo?

Eu começo do início, mas avanço rápido. Se não for interessante, passo a folhear, correndo os olhos pelas páginas ou fazendo uma leitura dinâmica. Se não chama a minha atenção no primeiro capítulo de maneira significativa e positiva, deixo o livro de lado ou pulo alguns capítulos.

Não acredito em recompensa adiada quando há um número infinito de livros para ler. Existem tantos livros maravilhosos por aí.

> O número de livros lidos é uma métrica inútil. Quanto mais sabemos, mais abandonamos livros sem concluir a leitura. Concentre-se em novos conceitos com poder preditivo.

Em geral, dou uma olhada nas páginas. Avanço na leitura. Tento encontrar um trecho que chame a minha atenção. A maioria dos livros tem algo a dizer. (Obviamente, isso vale para não ficção. Não estou falando de ficção.) Eles têm uma mensagem a transmitir, a apresentam e, em seguida, mostram um exemplo atrás do outro e os aplicam para explicar tudo no mundo. Quando percebo que entendi a essência, eu me sinto muito confortável em deixar o livro de lado. Há muitos exemplos do que eu chamaria de best-sellers da pseudociência. As pessoas perguntam: "Você leu tal livro?".

Sempre digo que sim, mas a realidade é que devo ter lido uns dois capítulos. Mas peguei a essência da coisa.

> Se escreveram o livro para ganhar dinheiro, não o leia.

Que práticas você adota para internalizar/organizar as informações provenientes da leitura de livros?

Explique o que você aprendeu para outra pessoa. O ensino reforça a aprendizagem.

> Não se trata de "letrado" versus "iletrado". Tem a ver com "gosta de ler" e "não gosta de ler".

O que posso fazer nos próximos sessenta dias para passar a ter pensamentos mais claros e independentes?

Leia os grandes nomes da matemática, da ciência e da filosofia. Ignore seus contemporâneos e os novatos. Evite a identificação tribal. Coloque a verdade acima da aprovação social. [11]

> Estude lógica e matemática porque, quando as dominar, não temerá livro algum.

Nenhum livro da biblioteca deve assustar você, seja de matemática, física, engenharia elétrica, sociologia ou economia. Você deve conseguir pegar qualquer livro da estante e ler. Vários deles serão muito difíceis. Tudo bem — leia mesmo assim. Em seguida, volte e os releia várias vezes.

Quando ficamos confusos ao ler um livro, tal sentimento se assemelha à dor que sentimos na academia quando estamos malhando. Mas estamos desenvolvendo músculos mentais, em vez de músculos físicos. Aprenda a aprender e leia os livros.

O problema de dizer "apenas leia" é que há muita porcaria por aí. Existem tantos tipos diferentes de autores quanto há de pessoas. Muitos deles vão escrever muita porcaria.

Conheço pessoas que considero muito instruídas, mas que não são muito inteligentes. Isso ocorre porque, embora leiam muito, leem as coisas erradas na ordem errada. Começaram lendo um conjunto de coisas falsas ou apenas levemente verdadeiras, que formaram os axiomas dos alicerces de sua visão de mundo. Então, quando coisas novas aparecem, julgam a nova ideia com base em um alicerce que já construíram. Os alicerces que usamos para construir nossas bases fazem toda a diferença.

> Como a maioria das pessoas se sente intimidada pela matemática e não consegue avaliá-la de forma independente, a tendência é dar muito valor a opiniões subsidiadas pela matemática/pseudociência.

Quando se trata de leitura, certifique-se de que sua base seja de altíssima qualidade.

A melhor maneira de ter uma base de alta qualidade (você pode não gostar dessa resposta) é se ater à ciência e ao básico. Em geral, existem apenas algumas coisas que você pode ler e com as quais os outros não concordam. Pouquíssimas pessoas discordam em relação a 2 + 2 = 4, certo? Trata-se de um conhecimento importante. A matemática é uma base sólida.

Da mesma forma, as ciências exatas também servem como base. A microeconomia é uma base sólida. Quando começamos a nos afastar dessas bases sólidas, estamos em apuros, porque não sabemos o que é verdadeiro e o que é falso. Eu me empenharia o máximo que pudesse em ter bases sólidas.

É melhor ser muito bom em aritmética e geometria do que se aprofundar em matemática avançada. Eu passaria o dia lendo sobre microeconomia — princípios básicos de microeconomia.

Outra maneira de fazer isso é ler originais e clássicos. Se você estiver interessado em evolução, leia Charles Darwin. Não comece com Richard Dawkins (embora eu o considere ótimo). Leia esse depois; primeiro, leia Darwin.

Se você quiser aprender macroeconomia, primeiro leia Adam Smith, von Mises ou Hayek. Comece com os filósofos primordiais da economia. Se curte ideias comunistas ou socialistas (das quais particularmente não gosto muito), comece lendo Karl Marx. Não leia a interpretação contemporânea que alguém fez a respeito de como as coisas devem ser feitas e executadas.

Se a sua base for formada pelos originais, então você terá visão de mundo e compreensão suficientes para não temer nenhum livro. E aí poderá simplesmente aprender. Como somos uma máquina de aprendizado constante, nunca ficaremos sem opções de como ganhar dinheiro. Sempre podemos acompanhar o que está surgindo na sociedade, qual é o valor e onde está a demanda e podemos aprender a nos manter atualizados. [72]

> Para pensar com clareza, entenda o básico. Se apenas decorar conceitos avançados sem ser capaz de relembrá-los quando necessário, você está perdido.

Estamos vivendo na era do Twitter e do Facebook. Entramos em contato com pequenas pérolas de sabedoria vigorosa e incisiva, que são realmente difíceis de absorver. Para uma pessoa moderna, os livros são muito difíceis de ler já que fomos treinados pelas redes sociais. Há duas questões contraditórias em relação ao treinamento:

Uma delas é que a nossa capacidade de prestar atenção diminuiu muito, visto que somos bombardeados por uma enxurrada de informações o tempo todo. Queremos pular, resumir e ir direto ao ponto.

> O Twitter me tornou um leitor pior, mas um escritor muito melhor.

Por outro lado, também somos ensinados desde muito cedo que precisamos concluir nossas leituras. Os livros são sagrados — quando você vai para a escola e tem como tarefa ler um livro, precisa terminá-lo. Com o tempo, esquecemos como ler livros. Todo mundo que conheço está empacado em algum livro.

Tenho certeza de que você está empacado em algum agora — na página 332. Você não consegue avançar, mas sabe que deve terminar o livro. E aí, o que você faz? Desiste de ler livros por um tempo.

Para mim, desistir de ler foi uma tragédia. Cresci rodeado de livros, em seguida mudei para blogs, depois para o Twitter e o Facebook e percebi que, na verdade, não estava aprendendo nada. Estava ingerindo pequenas doses de dopamina o dia todo. Estava recebendo minha pequena explosão de dopamina de 140 caracteres. Eu tuitava e depois ia ver quem tinha retuitado. É uma coisa divertida e maravilhosa, mas era só um jogo do qual eu estava participando.

Percebi que precisava voltar a ler livros. [6]

Eu sabia que era um problema muito difícil, já que meu cérebro tinha sido treinado a passar um tempo no Facebook, no Twitter e nessas outras coisas que exigem leitura rápida.

Bolei uma estratégia: comecei a tratar os livros como postagens descartáveis de blogs ou tuítes e posts curtos: não sentia a menor obrigação de terminar nenhum. Agora, quando alguém comenta sobre um livro comigo, eu compro um exemplar. Às vezes, chego a ler entre dez e vinte livros ao mesmo tempo. Fico folheando todos.

Se o livro estiver ficando um pouco chato, pulo e sigo adiante. Às vezes, começo a ler um livro na metade porque algum parágrafo chamou a minha atenção. Simplesmente continuo a partir desse ponto e não sinto nenhuma obrigação de terminar o livro. De repente, os livros voltaram à minha biblioteca. Isso é ótimo, porque eles são dotados de uma sabedoria ancestral. [6]

Ao resolver problemas: quanto mais antigo o problema, mais antiga é a solução.

Se você está tentando aprender a dirigir um carro ou a pilotar um avião, deve ler algo escrito na era moderna, já que esse problema foi criado na era moderna, e a solução da era moderna é ótima.

Se está se referindo a um problema antigo: como manter seu corpo saudável, como permanecer calmo e em paz, que tipos de sistemas de valores são bons, como criar uma família e essas coisas todas, é provável que as soluções mais antigas sejam melhores.

Qualquer livro que sobreviveu por dois mil anos passou pelo crivo de muitas pessoas. É mais provável que os princípios gerais estejam corretos. Eu queria voltar a ler esse tipo de livro. [6]

> Sabe aquela música que você não consegue tirar da cabeça? Todos os pensamentos funcionam dessa maneira. Cuidado com o que você lê.

> Uma mente calma, um corpo em forma e um lar cheio de amor.
>
> Essas coisas não podem ser compradas.
>
> Elas devem ser conquistadas.

PARTE II

FELICIDADE

> As três grandes coisas da vida são riqueza, saúde e felicidade. Nós as buscamos nessa ordem, mas sua importância é inversa.

APRENDA A SER FELIZ

> Não se leve tão a sério. Você não passa de um macaco com um plano.

A FELICIDADE SE APRENDE

Se há dez anos você tivesse me perguntado o quanto eu era feliz, eu teria dispensado a pergunta. Não queria falar sobre isso.

Em uma escala de um a dez, eu teria dito dois ou três. Talvez quatro, nos melhores dias. Mas eu não valorizava a felicidade.

Hoje considero que estou no nove. Sim, ter dinheiro ajuda, mas é uma parcela muito pequena do todo. A maior parte vem de ter aprendido, com os anos, que minha própria felicidade é o mais importante para mim, e a tenho cultivado com diversas técnicas. [10]

> Talvez a felicidade não seja algo que herdamos ou mesmo escolhemos, mas uma habilidade altamente pessoal que pode ser aprendida, como exercício físico ou nutrição.

A felicidade muda bastante com o tempo, creio eu, assim como todas as grandes perguntas. Quando crianças, perguntamos à nossa mãe: "O que acontece quando morremos? O Papai Noel existe? Deus existe? Eu deveria estar feliz? Com quem devo me casar?". Esse tipo de pergunta. Não há respostas simples, pois nenhuma se aplica a todos. Em última análise, essas perguntas até têm respostas, mas são pessoais.

A resposta que funciona para mim não fará sentido para você e vice-versa. Não importa o que a felicidade significa para mim, tem um sentido diferente para você. Acho que é muito importante explorar quais são essas definições.

Para algumas pessoas que conheço, trata-se de um estado de fluxo. Para outras, é satisfação. Para alguns, é uma sensação de contentamento. Minha definição está em constante mudança. A resposta que eu teria dado um ano atrás será diferente da de agora.

Hoje, acredito que a felicidade é de fato um estado padrão. Ela está presente quando nos livramos da sensação de que algo está faltando na nossa vida.

Somos máquinas de sobrevivência e replicação repletas de julgamentos. Costumamos ficar pensando: "Preciso disso" ou "Preciso daquilo", presos na teia dos desejos. A felicidade é o estado em que não falta nada. Quando nada está faltando, a mente desliga e para de correr para o passado ou o futuro e resolve se arrepender ou planejar alguma coisa.

Nessa ausência, por um momento, há o silêncio interior. Quando alcançamos o silêncio interior, ficamos satisfeitos e felizes. Sinta-se à vontade para discordar. De novo, cada um tem uma experiência diferente.

Muitos acreditam, de maneira equivocada, que a felicidade envolve apenas ações e pensamentos positivos. Quanto mais leio e quanto mais experimento (porque verifico em mim mesmo), mais aprendo que todo pensamento positivo engloba essencialmente um pensamento negativo. Trata-se de um contraste com algo negativo. O livro *Tao Te Ching* aborda isso de forma muito mais articulada do que a minha capacidade permite, mas está tudo relacionado a dualidade e polaridade. Se digo que estou feliz, significa que fiquei triste em algum momento. Se digo que alguém é atraente, então outra pessoa não é. Todo pensamento positivo ainda carrega uma semente de pensamento negativo e vice-versa, e é por essa razão que, na vida, muitas coisas grandiosas vêm a partir do sofrimento. É preciso ver o negativo antes de poder almejar e apreciar algo positivo.

Para mim, a felicidade não tem a ver com pensamentos positivos. Não tem a ver com pensamentos negativos. Está relacionada à ausência de desejo, em especial à ausência de desejo por coisas externas. Quanto menos desejos tenho, mais posso aceitar o estado atual das coisas e menos minha mente se move, porque a mente de fato oscila em direção ao futuro ou ao passado. Quanto mais eu estiver no presente, mais feliz e contente estarei. Se eu me agarrar a um sentimento, se disser: "Ah, estou feliz agora" e quiser continuar feliz, então acabo abandonando essa felicidade. De súbito, a mente passa a se mover. Está tentando se apegar a algo. Está tentando criar uma situação permanente a partir de uma situação temporária.

Para mim, felicidade é, acima de tudo, não sofrer, não desejar, não pensar muito no futuro nem no passado, aceitar o presente e a realidade dos fatos do jeito que ela é. [4]

> Se quiser ter paz na vida, precisa ir além do bem e do mal.

Na natureza, não existe o conceito de felicidade ou infelicidade. A natureza segue leis matemáticas invioláveis e uma cadeia de causa e efeito desde o Big Bang até os dias de hoje. Tudo é perfeito exatamente do jeito que é. Apenas na nossa própria mente é que somos infelizes ou não felizes, e as coisas são perfeitas ou imperfeitas em virtude do que desejamos. [4]

O mundo apenas reflete os seus sentimentos. A realidade é neutra. Não tem julgamentos. Para uma árvore, não existe o conceito de certo ou errado, bom ou ruim. Você nasce, recebe todo um conjunto de experiências e estímulos sensoriais (luzes, cores e sons) e depois morre. Cabe a você escolher como interpretá-los — você tem essa escolha.

É isso que quero dizer quando declaro que a felicidade é uma escolha. Se você acredita que é uma escolha, pode começar a investir nela. [75]

> Não há forças externas afetando as suas emoções — por mais que possa parecer que sim.

Também passei a acreditar na insignificância total e absoluta do "eu", e acho que isso ajuda muito. Por exemplo, se você se considerasse a coisa mais importante do universo, teria que curvar o universo inteiro às suas vontades. Se você é a coisa mais importante do universo, como ele pode não atender aos seus desejos? Se o universo não estiver de acordo com os seus desejos, algo está errado.

No entanto, se você se vê como uma bactéria ou uma ameba — ou encara o seu trabalho como se estivesse escrevendo na água ou construindo castelos na areia, então não tem expectativa de como a vida deveria "realmente" ser. A vida é como ela é. Quando aceitamos esse fato, não há motivo para ser feliz ou infeliz. Essas coisas quase não se aplicam.

> A felicidade é o que permanece quando nos livramos da sensação de que algo está faltando em nossas vidas.

O que nos resta nesse estado neutro não é a neutralidade. Acho que as pessoas acreditam que a neutralidade seria uma existência muito monótona. Não, seria mais como o que as crianças pequenas vivem. Se observarmos as crianças, elas em geral são muito felizes, pois estão de fato imersas no ambiente e no momento, sem pensar em suas preferências e desejos pessoais. Acho que o estado neutro é, na verdade, um estado de perfeição. É possível ser muito feliz, contanto que não estejamos tão concentrados nos nossos próprios pensamentos. [4]

A vida é um sopro. Mal estamos presentes aqui. Temos que aproveitar ao máximo cada minuto, o que não significa passar a vida toda correndo atrás de algum desejo idiota. Significa, porém, que cada segundo que temos neste planeta é muito precioso, e cabe a cada um de nós garantir a felicidade e interpretar tudo da melhor maneira possível. [9]

> Consideramos que nós somos fixos, e o mundo, maleável, mas a verdade é que nós é que somos maleáveis, e o mundo é, em grande medida, fixo.

A prática da meditação pode ajudar a aceitar a realidade?

Pode. Mas é incrível como ajuda pouco [risos]. Você pode meditar há muito tempo, mas, se alguém disser a coisa errada do jeito errado, volta para o seu eu movido pelo ego. É quase como se estivesse levantando halteres de meio quilo, mas aí alguém deixa cair uma barra enorme com diversas anilhas na sua cabeça.

Com certeza é melhor do que não fazer nada. Mas, quando chega o momento de sofrimento mental ou emocional, nunca é fácil. [8] A verdadeira felicidade só vem como efeito colateral da paz. A maior parte provém da aceitação, não da mudança do ambiente externo. [8]

Uma pessoa racional pode encontrar a paz ao tratar com indiferença as coisas que estão fora do seu controle.

Reduzi a minha identidade.

Reduzi a tagarelice da minha mente.

Não me importo com coisas que na verdade não importam.

Não me envolvo em política.

Não ando com pessoas infelizes.

Valorizo de verdade o meu tempo neste planeta.

Leio filosofia.

Medito.

Ando com pessoas felizes.

E funciona.

É possível melhorar a base de felicidade de forma lenta, mas constante e metódica, assim como se pode melhorar o condicionamento físico. [10]

A FELICIDADE É UMA ESCOLHA

> Felicidade, amor e paixão... essas não são coisas que encontramos — são escolhas que fazemos.

A felicidade é uma escolha que fazemos e uma habilidade que desenvolvemos.

A mente é tão maleável quanto o corpo. Desperdiçamos muito tempo e esforço tentando mudar o mundo externo, outras pessoas e nossos próprios corpos quando devíamos nos aceitar da maneira como fomos programados quando éramos jovens.

Aceitamos a voz em nossa cabeça como a fonte de toda a verdade. Mas tudo isso é maleável, e cada dia é novo. Memória e identidade são fardos do passado que nos impedem de viver o presente com liberdade. [3]

A FELICIDADE REQUER PRESENÇA

Em qualquer momento, quando andamos pelas ruas, uma porcentagem muito pequena do cérebro está focada no presente. O resto planeja o futuro ou lamenta o passado. Isso nos impede de ter uma experiência incrível. Impede de enxergarmos a beleza em tudo e de sermos gratos por estarmos onde estamos. A felicidade pode ser arruinada se passarmos o tempo todo vivendo em delírios do futuro. [4]

> Desejamos experiências que nos façam estar presentes, mas é o ato de desejá-las que nos afasta do momento presente.

Eu simplesmente não acredito em nada do meu passado. Nadinha. Sem lembranças. Sem arrependimentos. Sem pessoas. Sem viagens. Nada. Grande parte de nossa infelicidade vem de comparar coisas do passado com o presente. [4]

> A expectativa em relação a nossas falhas nos empurra em direção ao futuro. Eliminá-las facilita estar presente.

Li uma ótima definição: "A iluminação é o espaço entre os nossos pensamentos". Significa que a iluminação não é algo que se alcança depois de passar trinta anos sentado no topo de uma montanha. É algo que se pode alcançar o tempo todo, e é possível se iluminar um pouco todos os dias. [5]

> E se esta vida for o paraíso que nos foi prometido, e nós estamos apenas desperdiçando tempo?

A FELICIDADE REQUER PAZ
Felicidade e propósito estão interligados?

Felicidade é uma palavra dotada de tanta carga que nem tenho certeza do que significa. Hoje em dia, considero que a felicidade tem mais a ver com paz do que com alegria. Não acho que paz e propósito andem juntos.

Se for o seu propósito interno, o que você mais deseja fazer, então, com certeza, você ficará feliz em realizá-lo. Mas não pense que um propósito imposto externamente, como "a sociedade quer que eu faça X", "Eu sou o primogênito do primogênito de fulano, então devo fazer Y" ou "Tenho essa dívida ou fardo que assumi", vai fazer você feliz.

Acredito que muitos de nós temos um certo sentimento difuso de algum grau de ansiedade. Se prestar atenção ao que se passa na sua mente, verá que às vezes você está para lá e para cá fazendo as suas coisas e não está se sentindo bem, então percebe que a mente está tagarelando sem parar sobre algo. Talvez você não consiga ficar quieto... Existe aquela sensação de que "algo está por vir"; por exemplo, quando estamos sentados em um lugar pensando onde deveríamos estar em seguida.

É sempre a coisa por vir, depois mais outra, aí a próxima, e então a próxima coisa depois disso, o que gera essa ansiedade generalizada.

Isso se torna mais evidente se você apenas se sentar e tentar não fazer absolutamente nada. Quando digo nada, não é ler um livro ou ouvir música, é literalmente apenas ficar sentado sem fazer nada. Você não consegue fazer isso, porque a ansiedade está sempre tentando fazê-lo se levantar e agir, levantar e agir, levantar e agir. Acho que é importante estarmos ciente de que a ansiedade nos deixa infelizes. A ansiedade é apenas uma série de pensamentos em execução.

O que faço para combater a ansiedade: não tento lutar contra ela, apenas percebo que estou ansioso por causa de todos esses pensamentos. Tento refletir: "É preferível estar tendo este pensamento agora, ou ter minha paz?". Porque, enquanto eu tiver tais pensamentos, não posso ter paz.

Você deve ter percebido que, quando digo felicidade, quero dizer paz. Quando muitas pessoas dizem felicidade, no entanto, elas se referem a alegria ou bem-aventurança. Mas eu escolho a paz. [2]

> Uma pessoa feliz não é aquela que está feliz o tempo todo.
>
> É aquela que interpreta os acontecimentos com facilidade, de forma a não perder a paz interior.

```
┌─────────────────────┐  ┌─────────────────────┐
│  O DESEJO           │  │  PARA SER INFELIZ   │
│                     │  │  ATÉ CONSEGUIR      │
│                     │  │                     │
│  É O ACORDO         │  │  ☐ O QUE            │
│  QUE VOCÊ FAZ       │  │  ☐ VOCÊ             │
│                     │  │  ☐ QUER.            │
│  CONSIGO MESMO      │  │                     │
│  ................   │  │                     │
└─────────────────────┘  └─────────────────────┘
```

CADA DESEJO É UMA INFELICIDADE ESCOLHIDA

Acho que o erro mais comum da humanidade é acreditar que a felicidade pode advir de alguma circunstância externa. Eu sei que isso não é original. Não é novidade. Trata-se de uma sabedoria budista fundamental — não estou querendo o crédito por isso. Acho que só reconheço isso em um nível básico, inclusive em mim mesmo.

Compramos um carro novo. Agora estou esperando o carro chegar. Claro, todas as noites, entro nos fóruns para ler sobre o carro. Por quê? É um objeto bobo. É um carro bobo. Não vai mudar muito minha vida nem nada. Eu sei que, assim que o carro chegar, não vou mais me importar com isso. A questão é que sou viciado em desejar. Sou viciado na ideia de que uma coisa externa me traga algum tipo de felicidade e alegria, e isso é completamente ilusório.

Buscar algo fora de si mesmo é a ilusão fundamental. Não quer dizer que você não deve fazer as coisas externas. Com certeza, deve.

Você é uma criatura viva. Há coisas que devem ser feitas. Você reverte localmente a entropia. É por isso que está aqui.

Seu destino é fazer algo. Você não está aqui para ficar deitado na areia e passar o dia meditando. Deve desenvolver seu potencial pleno. Fazer o que precisa.

A ideia de que você vai mudar alguma coisa no mundo exterior e isso vai lhe trazer paz, alegria eterna e a felicidade que merece é uma ilusão fundamental de que todos somos vítimas, inclusive eu. O erro é dizer: "Ah, vou alcançar a felicidade quando conseguir tal coisa", seja o que for. Esse é o erro fundamental que todos cometemos o tempo inteiro, sem parar. [4]

> A ilusão fundamental: há algo lá fora que vai me tornar feliz e realizado para sempre.

O desejo é um acordo que você faz consigo mesmo para ser infeliz até conseguir o que quer. Acredito que a maioria de nós não se dá conta disso. Continuamos desejando coisas o dia todo e depois nos perguntamos por que estamos infelizes. Gosto de ter consciência disso, porque assim posso escolher meus desejos com muito cuidado. Tento não nutrir mais de um grande desejo ao mesmo tempo e também o reconheço como o eixo do meu sofrimento. Consigo identificar a área em que escolhi ser infeliz. [5]

> O desejo é um acordo que você faz consigo mesmo para ser infeliz até conseguir o que quer.

Uma coisa que aprendi há pouco tempo: é muito mais importante aperfeiçoar os seus desejos do que tentar fazer algo que você não deseja de verdade. [1]

Quando se é jovem e saudável, você pode fazer mais. Ao fazer mais, na verdade, você está reunindo mais e mais desejos. E não percebe que, aos poucos, isso está destruindo a sua felicidade. Acho que as pessoas mais jovens são menos felizes, mas mais saudáveis. Os idosos são mais felizes, mas menos saudáveis.

Quando somos jovens, temos tempo. Temos saúde, mas não temos dinheiro. Na meia-idade, temos dinheiro e saúde, mas não temos tempo. Quando envelhecemos, temos dinheiro e tempo, mas não temos saúde. Portanto, o difícil é tentar conseguir os três ao mesmo tempo.

Quando as pessoas percebem que têm dinheiro suficiente, já perderam tempo e saúde. [8]

O SUCESSO NÃO TRAZ FELICIDADE

> Felicidade é estar satisfeito com o que você tem.
>
> O sucesso vem da insatisfação. Escolha.

Confúcio diz que temos duas vidas, e a segunda começa quando percebemos que só temos uma. Quando e como a sua segunda vida começou?

Essa é uma pergunta muito profunda. A maioria das pessoas que já alcançou certa idade passou por essa sensação ou fenômeno; viveram de determinada maneira até chegarem a um certo estágio, então tiveram que fazer algumas mudanças significativas. Também me incluo nesse barco.

Batalhei muito na vida para obter certos sucessos materiais e sociais. Quando alcancei esses objetivos (ou pelo menos cheguei a um ponto em que esses objetivos não importavam tanto), percebi que as pessoas ao meu redor que haviam conquistado sucessos semelhantes e estavam prestes a conseguir mais não pareciam tão felizes quanto seria de se esperar. No meu caso, definitivamente havia uma adaptação hedônica: eu me acostumava muito rápido com qualquer coisa.

Isso me levou à conclusão, que pode parecer banal, de que a felicidade é algo interno. Foi essa conclusão que me fez decidir investir mais no meu eu interior e perceber que todo o sucesso verdadeiro é interno e tem pouquíssimo a ver com as circunstâncias externas.

De qualquer maneira, é preciso fazer as coisas externas. Somos biologicamente conectados. É bobagem dizer: "Você pode simplesmente desligar." Sua própria experiência de vida o trará de volta ao caminho interno. [7]

> O problema de se tornar bom em um jogo, em especial naquele com grandes recompensas, é que você continua jogando muito depois de se tornar maior do que ele.
>
> O esforço de sobrevivência e replicação nos coloca na esteira do trabalho. A adaptação hedônica nos mantém lá. O truque é saber quando cair fora e começar a jogar.

Quem você considera bem-sucedido?

A maioria das pessoas considera que alguém é bem-sucedido quando vence algo, qualquer que seja a disputa. Se você é atleta, vai pensar em um atleta de ponta. Se está no ramo dos negócios, pode pensar no Elon Musk.

Alguns anos atrás, eu teria dito Steve Jobs, porque ele foi parte da força motriz que criou algo que mudou a vida de toda a humanidade. Acho que Marc Andreessen é bem-sucedido, não por causa de sua recente reinvenção como investidor de risco, mas pelo trabalho incrível que fez com a empresa Netscape. Satoshi Nakamoto é bem-sucedido porque criou o Bitcoin, uma invenção tecnológica incrível que terá repercussão nas próximas décadas. Elon Musk, claro, porque mudou a visão de todos sobre o que é possível alcançar com a tecnologia moderna e o empreendedorismo. Considero esses criadores e comercializadores bem-sucedidos.

Para mim, os verdadeiros vencedores são aqueles que se afastam por completo da disputa, que nem mesmo concorrem, que ficam maiores do que ela. São as pessoas que têm tamanha autoconsciência e tamanho autocontrole internos que não precisam de mais ninguém. Conheço umas poucas figuras assim. Jerzy Gregorek — eu o consideraria bem-sucedido porque ele não precisa de nada de ninguém. Ele está em paz, é saudável, e o fato de ganhar mais ou menos dinheiro em comparação com os outros não afeta seu estado mental.

De um ponto de vista histórico, eu diria que os lendários Buda e Krishnamurti, cujos textos gosto de ler, são bem-sucedidos no sentido de que se afastam da disputa por completo. Ganhar ou perder não importa para eles.

Gosto de uma frase de Blaise Pascal que basicamente diz: "Todos os problemas do homem surgem porque ele não consegue se sentar sozinho em um cômodo e ficar em silêncio". Se você conseguir passar trinta minutos sentado e se sentir feliz, você é bem-sucedido. É uma posição muito poderosa, mas pouquíssimos de nós chegam lá. [6]

Vejo a felicidade como uma propriedade emergente da paz. Se estivermos em paz por dentro e por fora, isso acabará resultando em felicidade. Mas a paz é algo muito difícil de alcançar. O irônico é que a maioria de nós tenta encontrar a paz por meio da guerra. Quando abrimos um negócio, de certa forma, estamos indo para a guerra. Quando você briga com seus colegas de quarto para decidir quem vai lavar a louça, está entrando em uma guerra. Está entrando em conflito para, mais tarde, ter alguma sensação de paz e segurança.

Na verdade, a paz não é uma garantia. Está sempre fluindo. Está sempre mudando. Você deve aprender o conjunto de habilidades básicas de fluir com a vida e, na maioria dos casos, aceitá-la. [8]

> É possível conseguir quase tudo o que quisermos na vida, desde que seja uma coisa e que você a deseje mais do que tudo no mundo.

Pela minha experiência, o que mais desejo é estar em paz.

Paz é a felicidade em repouso, e felicidade é a paz em movimento. Sempre que quiser, é possível converter a sua paz em felicidade. Mas, na maior parte do tempo, o que se deseja é a paz. Se você é uma pessoa pacífica, qualquer coisa que fizer será uma atividade feliz.

Hoje em dia, achamos que vamos ter paz se resolvermos todos os nossos problemas externos. Mas existe uma quantidade ilimitada de problemas externos.

A única maneira de realmente alcançar a paz interior é desistir dessa ideia de problemas. [75]

A INVEJA É INIMIGA DA FELICIDADE

Não acho que a vida seja tão difícil. Considero que a tornamos difícil. Uma das coisas de que estou tentando me livrar é a palavra "deveria". Sempre que um "deveria" surgir em sua mente, é consequência da culpa ou da programação social. Fazer algo porque você "deveria" basicamente significa que você não quer de fato fazer. Isso só traz infelicidade, então estou tentando eliminar o máximo possível de "deverias" da minha vida. [1]

> As expectativas da sociedade e de outras pessoas em relação a você são inimigas da paz de espírito.

Socialmente, dizem: "Vá malhar. Corra atrás de uma boa aparência". É um jogo competitivo para múltiplos jogadores. Outras pessoas podem conferir se estou fazendo um bom trabalho ou não. Dizem: "Vá ganhar dinheiro. Vá comprar uma casa grande." Mais uma vez, trata-se de um jogo competitivo externo para múltiplos jogadores. O treinamento para ser feliz é um processo totalmente interno. Não há nenhum progresso externo, nenhuma validação externa. Você está competindo contra si mesmo — é um jogo para um só jogador.

Somos como abelhas ou formigas. Somos criaturas sociais, programadas e movidas externamente. Não sabemos mais como jogar e ganhar esses jogos de um só jogador. Apenas competimos em jogos para múltiplos jogadores.

A realidade é que a vida é um jogo de um só jogador. Você nasce sozinho. Vai morrer sozinho. Todas as suas interpretações são solitárias.

Todas as suas memórias são únicas. Em três gerações, você terá ido embora e ninguém mais vai se importar. Antes de você aparecer, ninguém se importava. Tudo é para um só jogador.

> Talvez uma das razões pelas quais ioga e meditação sejam difíceis de sustentar é que não têm valor extrínseco. São jogos voltados puramente para um só jogador.

Warren Buffett dá um grande exemplo quando pergunta se você quer ser o melhor amante do mundo, mas ser conhecido como o pior, ou ser o pior amante do mundo, mas ser conhecido como o melhor [parafraseado], em referência a um indicador de desempenho interno ou externo.

Exatamente. Todos os indicadores de desempenho reais são internos.

A inveja foi uma emoção muito difícil de superar. Quando eu era jovem, sentia muita inveja. Aos poucos, aprendi a me livrar dela, mas o sentimento ainda surge de vez em quando. É uma emoção muito venenosa porque, no fim das contas, não faz você se sentir melhor. Você fica mais infeliz, e a pessoa que é objeto da sua inveja continua bem-sucedida, bonita ou o que quer que tenha despertado o sentimento em você.

Certo dia, percebi que eu não poderia apenas escolher pequenos aspectos da vida das pessoas de quem eu invejava. Não podia dizer que queria ter o corpo de fulano, o dinheiro de ciclano, ou a personalidade de alguém. Na verdade, eu teria que ser aquela pessoa. Mas será que quero mesmo ser essa outra pessoa, com todas as suas reações, desejos, família, nível de felicidade, visão de vida e autoimagem? Se você não está disposto a fazer uma troca com essa pessoa no atacado, por inteiro e o tempo todo, então não há razão para ter inveja.

Assim que cheguei a essa conclusão, a inveja desapareceu, porque não quero ser outra pessoa. Estou perfeitamente feliz sendo eu. A propósito, até isso está sob meu controle. Ser feliz sendo eu. Só que não há recompensas sociais por isso. [4]

A FELICIDADE É FRUTO DE HÁBITOS

Minha descoberta mais surpreendente nos últimos cinco anos é que paz e felicidade são habilidades. Não são coisas inatas. Sim, existe uma variação genética. E muito disso é fruto do condicionamento do ambiente em que vivemos, mas podemos nos descondicionar e recondicionar.

Podemos aumentar a felicidade com o tempo, e isso começa quando acreditamos que isso é possível.

É uma habilidade, assim como alimentar-se, fazer dieta, exercitar-se, ganhar dinheiro, conhecer garotas e rapazes e ter bons relacionamentos também são habilidades. Até mesmo o amor é uma habilidade. Tudo começa com a compreensão de que essas são habilidades que podemos aprender. Quando nos empenhamos, colocamos intenção e foco nelas, o mundo pode se tornar um lugar melhor.

> No trabalho, cerque-se de pessoas mais bem-sucedidas que você.
>
> No lazer, cerque-se de pessoas mais felizes que você.

Que tipo de habilidade é a felicidade?

É tudo na base da tentativa e erro. Você simplesmente verifica o que funciona. Você pode tentar a meditação em posição sentada. Funcionou para você? Era a meditação tântrica ou vipassana? Foi preciso um retiro de dez dias, ou vinte minutos?

Tudo bem. Nada disso funcionou. Mas e se eu tentasse ioga? E se eu praticar kitesurf? E se eu participar de uma corrida de carros? Que tal cozinhar? Isso vai me deixar zen? É necessário tentar todas essas coisas até encontrar algo que funcione para você.

Quando se trata de medicamentos para a mente, o efeito placebo é 100% eficaz. Queremos ter uma inclinação positiva no que diz respeito à mente, não queremos ser incrédulos. Se é um processo totalmente interno, devemos ter uma atitude positiva.

Por exemplo, eu estava lendo *O poder do agora*, de Eckhart Tolle, que é uma introdução fantástica sobre manter o foco no presente para pessoas que não são religiosas. O autor mostra que a coisa mais importante é estar no agora e fica martelando isso até o leitor entender.

Ele escreveu sobre um exercício de energia corporal. Você se deita e sente a energia se deslocar pelo corpo. Nesse ponto, meu eu de antigamente teria deixado o livro de lado e dito: "Ah, isso é besteira." Mas meu novo eu disse: "Bem, se eu acreditar, talvez funcione." Mergulhei na ideia com uma mentalidade positiva.

Deitei-me e tentei meditar. E quer saber de uma coisa? Eu me senti muito bem.

Como alguém desenvolve a habilidade de ser feliz?

É possível desenvolver bons hábitos. Abster-se de bebida alcoólica manterá o humor mais estável. Não ingerir açúcar manterá o humor mais estável. Não entrar no Facebook, no Snapchat ou no Twitter manterá o humor mais estável. Jogar videogame deixará você mais feliz a curto prazo — e eu costumava ser um jogador ávido —, mas, a longo prazo, pode arruinar sua felicidade. Você está se nutrindo de dopamina e a eliminando dessas pequenas formas incontroláveis. A cafeína é outra em que se negocia a longo prazo para ter o resultado a curto prazo.

Essencialmente, temos que passar pela vida trocando os hábitos ruins e imprudentes pelos bons, assumindo o compromisso de sermos mais felizes. No fim das contas, somos uma combinação dos nossos hábitos e das pessoas com quem mais convivemos.

Temos pouquíssimos hábitos durante a infância. Com o tempo, aprendemos coisas que não devemos fazer. Passamos a ser autoconscientes. Começamos a desenvolver hábitos e a estabelecer rotinas.

Muitas das diferenças entre pessoas que ficam e as que não ficam mais felizes à medida que envelhecem podem ser explicadas pelos hábitos que desenvolveram. São hábitos que vão aumentar a felicidade a longo prazo, e não a curto prazo? Você está se cercando de pessoas que costumam ser positivas e otimistas? Esses relacionamentos demandam muito das suas forças? Você as admira e respeita, e não as inveja?

De acordo com a "teoria dos cinco chimpanzés", é possível prever o comportamento de um chimpanzé com base nos cinco chimpanzés com quem ele mais convive. Acho que isso também se aplica aos humanos. Talvez seja politicamente incorreto dizer que você deve escolher seus amigos com muita sabedoria. A verdade é que você não deve escolhê-los aleatoriamente, pensando em quem mora mais perto ou com quem você trabalha. As pessoas mais felizes e otimistas escolheram os cinco chimpanzés certos. [8]

A primeira regra para lidar com conflitos é: não fique perto de pessoas que vivem se envolvendo em conflitos. Não me interesso por nada insustentável ou mesmo difícil de sustentar, incluindo relacionamentos complicados. [5]

> Se você não consegue se imaginar trabalhando com alguém pelo resto da vida, não trabalhe nem um dia sequer com essa pessoa.

Um amigo meu, um cara persa chamado Behzad, simplesmente ama a vida e não tem tempo para quem não está feliz.

Se você perguntar a Behzad qual é o segredo, ele vai apenas olhar para cima e dizer: "Pare de questionar e comece a admirar". O mundo é um lugar incrível. Nós, humanos, estamos acostumados a tomar tudo como garantido. Como o que você e eu estamos fazendo agora. Estamos sentados em um ambiente fechado, vestidos, bem alimentados e nos comunicando através do espaço e do tempo. Devíamos ser dois macacos sentados na floresta, assistindo ao pôr do sol e nos perguntando onde vamos dormir.

Quando recebemos algo, presumimos que o mundo deve isso a nós. Se você estiver focado no presente, perceberá quantas dádivas e quanta abundância existe ao nosso redor. Isso é tudo o que você precisa fazer. Estou aqui agora e tenho todas essas coisas incríveis à minha disposição. [8]

O truque mais importante para ser feliz é perceber que a felicidade é uma habilidade a ser desenvolvida e uma escolha a ser feita. Você escolhe ser feliz, então investe nisso. É como desenvolver os músculos. É como perder peso. É como ter sucesso no trabalho. É como aprender cálculo.

Primeiro você decide o que é importante para si mesmo. Então prioriza isso acima de qualquer outra coisa. Você lê tudo sobre o assunto. [7]

HÁBITOS DE FELICIDADE

Uso uma série de truques para tentar ser mais feliz no agora. No início, eram truques bobos e difíceis e exigiam muita atenção, mas alguns já se tornaram quase instintivos. Pratiquei-os religiosamente e, com isso, consegui aumentar um pouco meu grau de felicidade.

O mais óbvio é a meditação — meditação de insight. Trabalho para um propósito específico, que é tentar entender como minha mente funciona. [7]

Estar muito atento a cada momento. Se percebo que estou julgando alguém, posso parar e me perguntar: "Qual é a interpretação positiva disso?". Antes eu ficava irritado com as coisas. Agora sempre procuro ver o lado positivo de tudo. Isso exigia um esforço racional. Eu costumava levar alguns segundos para pensar em algo positivo. Agora consigo fazer isso em menos de um segundo. [7]

Tento colocar minha pele mais em contato com a luz solar. Olho para cima e sorrio. [7]

Sempre que perceber que está desejando alguma coisa, pergunte a si mesmo: "É tão importante para mim que só vou ser feliz se isso acontecer do meu jeito?". Você perceberá que, na maioria esmagadora das situações, simplesmente não é o caso. [7]

Acho que parar de ingerir cafeína me deixou mais feliz, porque me torna uma pessoa mais estável. [7]

Acredito que me exercitar todos os dias me deixou mais feliz. Se você está em paz com seu corpo, é mais fácil ter paz de espírito. [7]

Quanto mais você julga, mais se afasta de si mesmo. Parece bom por um instante, porque você se sente bem consigo mesmo, pensando que é melhor do que alguém. Mais tarde, vai se sentir solitário. E passa a ver negatividade por todo canto. O mundo apenas reflete os seus próprios sentimentos em você. [75]

Diga a seus amigos que você é uma pessoa feliz. Aí, será forçado a se conformar com isso. Você terá um viés de consistência; terá que viver de acordo com isso. Seus amigos vão esperar que você seja uma pessoa feliz. [5]

Recupere tempo e felicidade ao reduzir o uso destes três aplicativos de smartphone: telefone, calendário e despertador. [11]

Quanto mais segredos tiver, menos feliz será. [11]

Está preocupado e insatisfeito? Use meditação, música e exercícios para restabelecer o seu humor. Em seguida, escolha um novo caminho para dedicar a sua energia emocional pelo resto do dia. [11]

A adaptação hedônica é mais poderosa para coisas feitas pelo homem (carros, casas, roupas, dinheiro) do que para coisas naturais (comida, sexo, exercícios). [11]

Sem exceções, todas as atividades que envolvem telas são vinculadas a menor felicidade; por outro lado, todas as atividades fora das telas estão associadas a maior felicidade. [11]

Uma métrica pessoal: quanto do dia é gasto fazendo coisas por obrigação e não por interesse? [11]

A função do noticiário é nos deixar ansiosos e zangados. Mas as tendências científicas, econômicas, educacionais e de conflito subjacentes são positivas. Mantenha-se otimista. [11]

Política, mundo acadêmico e status social são jogos de soma zero. Os jogos de soma positiva criam pessoas positivas. [11]

Aumente o nível de serotonina no seu cérebro sem precisar recorrer ao uso de drogas: exponha-se à luz solar, pratique exercícios, concentre-se no pensamento positivo e busque triptofano. [11]

MUDE HÁBITOS:

Escolha algo. Cultive um desejo. Visualize-o.

Planeje uma trajetória sustentável.

Identifique necessidades, gatilhos e substitutos.

Conte para seus amigos.

Acompanhe meticulosamente.

A autodisciplina é a ponte para uma nova autoimagem.

Incorpore-se a essa nova autoimagem. É quem você é agora. [11]

> Primeiro, você fica sabendo. Depois, entende. Em seguida, consegue explicar. Aí, consegue sentir. Por fim, você é.

ENCONTRE FELICIDADE NA ACEITAÇÃO

Em qualquer situação da vida, sempre temos três opções: podemos mudar, aceitar ou deixar para lá.

Se você quiser mudar, então é um desejo. Isso lhe causará sofrimento até que consiga mudar. Portanto, não tenha muitos desejos. Em qualquer momento da vida, escolha um grande desejo, mantendo assim o propósito e a motivação necessários.

Por que não dois?

Você pode acabar se distraindo.

Um só já é bem difícil. Estar em paz está relacionado a ter a mente livre de pensamentos. E muito da clareza provém do fato de vivermos no momento presente. É muito difícil focar o agora se estiver pensando: "Eu tenho que fazer isso. Eu quero aquilo. Isso precisa mudar". [8]

Você sempre tem três opções: mudar, aceitar ou deixar para lá. O que não é uma boa opção é ficar sentado por aí desejando mudar algo, mas sem mudar, querendo deixar algo de lado, mas sem abandonar nem aceitar o que quer que seja. Essa luta ou aversão é responsável pela maior parte de nossa tristeza. Acho que uma das coisas que mais repito para mim mesmo é uma única palavra: "aceite". [5]

O que é aceitação para você?

É ficar bem, não importa o resultado. É estar equilibrado e centrado. É dar um passo atrás para conseguir ver o todo.

Nem sempre conseguimos o que queremos, mas às vezes o que está acontecendo é para o melhor. Quanto mais rápido você aceitar isso como realidade, mais rápido poderá se adaptar a ela.

É muito difícil alcançar a aceitação. Tento lançar mão de alguns truques, mas não diria que são totalmente bem-sucedidos.

Um deles é parar e analisar momentos de sofrimento pelos quais passei anteriormente. Eu anoto tudo. "O que aconteceu na última vez que você terminou com alguém, que o seu negócio fracassou, que você teve um problema de saúde?" Posso mapear o crescimento e a melhoria que surgiram anos depois.

Uso outro truque para pequenos aborrecimentos. Quando acontecem, parte de mim logo reage de forma negativa, mas aprendi a me perguntar mentalmente: "O que há de positivo nessa situação?".

"Tudo bem, eu vou chegar atrasado para uma reunião. Mas que benefícios isso me trará? Posso parar um momento para relaxar e observar os pássaros. Com isso, também vou passar menos tempo naquela reunião chata." Quase sempre há algo positivo.

Mesmo que você não consiga pensar em algo positivo, pode dizer: "Bom, o universo vai me ensinar algo agora. Então posso ouvir e aprender".

Para dar um exemplo mais simples: compareci a um evento, e depois alguém lotou minha caixa de entrada do e-mail com um monte de fotos que tirou.

Por um instante, da minha parte, veio um pequeno julgamento: "Qual é, você não poderia simplesmente ter selecionado as melhores? Quem manda centenas de fotos assim?". Mas aí logo me perguntei: "Qual é o lado positivo?". O lado positivo é que posso escolher as minhas cinco fotos prediletas. Acabei usando o meu discernimento.

Depois de ter praticado esse truque diversas vezes ao longo do ano passado, consegui deixar de levar alguns segundos para pensar em uma resposta e passei a fazer isso quase instantaneamente. É possível treinar esse hábito. [8]

Como você aprende a aceitar coisas que não pode mudar?

Basicamente, tudo se resume a um grande truque: aceitar a morte.

A morte é a coisa mais importante que pode nos acontecer. Quando olhamos para a própria morte e a reconhecemos, em vez de fugir dela, vemos que trará um grande sentido à vida. Passamos tempo demais da vida tentando evitar a morte. Grande parte das coisas com que entramos em conflito pode ser classificada como uma busca pela imortalidade.

Se você é religioso e acredita na vida após a morte, estará bem amparado. Se não for religioso, talvez tenha filhos. Se é um artista, pintor ou empresário, vai querer deixar um legado.

Aqui vai uma dica importante: não existe legado. Não deixaremos nada para trás. Todos vamos morrer. Nossos filhos vão morrer.

Nossas obras se tornarão pó. Nossas civilizações se tornarão pó. Nosso planeta se tornará pó. Nosso sistema solar se tornará pó. O universo existe há dez bilhões de anos. Continuará existindo por mais dez bilhões de anos.

A vida é um sopro. Permanecemos neste planeta por um brevíssimo tempo. Se você reconhecer plenamente a futilidade do que estamos fazendo, acho que isso pode trazer grande paz e felicidade, porque percebemos que se trata de um jogo. Mas é um jogo divertido. O importante é experimentar a nossa realidade ao longo da vida. Por que não interpretar da maneira mais positiva possível?

Quando você não está se divertindo, quando não está realmente feliz, não está fazendo um favor a ninguém. Não é como se a sua infelicidade tornasse os outros melhores de alguma forma. Tudo o que você está fazendo é desperdiçar esse tempo incrivelmente curto e precioso que tem na Terra. É muito importante manter a morte em primeiro plano, em vez de negá-la.

Sempre que sou arrebatado por minhas batalhas de ego, simplesmente penso em civilizações inteiras que vieram e já se foram. Veja os sumérios, por exemplo. Tenho certeza de que eram importantes e fizeram coisas grandiosas, mas cite o nome de um único sumério. Diga algo interessante ou relevante que os sumérios fizeram e que durou. Nada.

Portanto, talvez daqui a dez mil ou cem mil anos, as pessoas digam: "Ah, sim, os americanos. Já ouvi falar deles". [8]

Um dia vamos morrer, e nada disso vai ter importância. Portanto, aproveite. Faça algo positivo. Transmita amor. Faça alguém feliz. Ria um pouco. Aprecie o momento. E faça o seu trabalho. [8]

ESCOLHAS FÁCEIS, → VIDA DIFÍCIL.

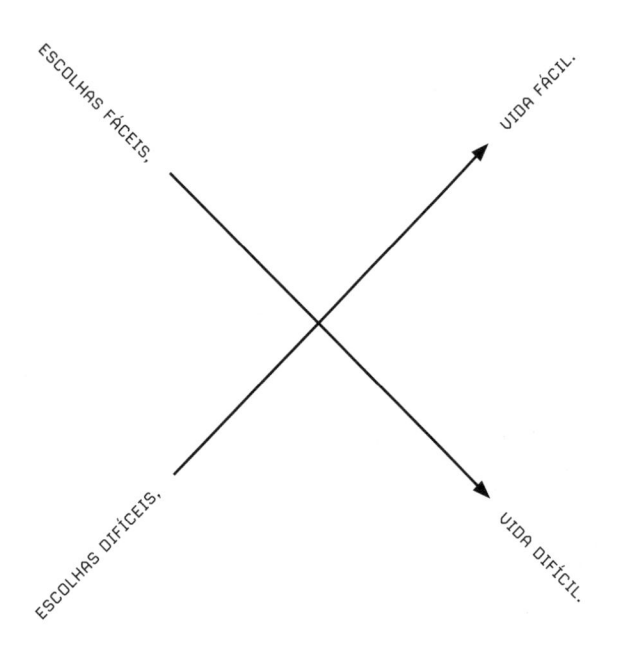

ESCOLHAS DIFÍCEIS, → VIDA FÁCIL.

SALVE A SI MESMO

Os médicos não tornarão você saudável.
Os nutricionistas não deixarão você magro.
Os professores não deixarão você inteligente.
Os gurus não acalmarão você.
Os mentores não deixarão você rico.
Os treinadores não deixarão você em forma.

Em última análise, você deve assumir a responsabilidade.

Salve a si mesmo.

ESCOLHA SER VOCÊ MESMO

Hoje em dia muita gente fica se martirizando e rabiscando coisas do tipo: "Eu preciso fazer isso e preciso fazer aquilo, preciso fazer (...)". Não, você não precisa fazer nada.

A única coisa que você deve fazer é aquilo que quer. Se parar de tentar descobrir como fazer as coisas da forma como as outras pessoas querem que você faça, talvez ouça a vozinha na sua cabeça dizendo como quer fazer as coisas. Seguindo essa voz, conseguirá ser você mesmo.

> Nunca conheci meu maior mentor. Eu queria tanto ser como ele. Mas a mensagem dele era o oposto: seja você mesmo e faça isso com paixão.

Ninguém é capaz de superá-lo no quesito ser você mesmo. Você nunca será tão bom em ser eu quanto eu mesmo. Eu nunca vou ser tão bom em ser você quanto você mesmo. Ouça e absorva, sem dúvida, mas não tente imitar. É inútil, pois cada pessoa é exclusivamente qualificada em algo. Cada um tem algum conhecimento, capacidade e desejos específicos que ninguém mais tem e que são frutos da combinação do DNA humano e do desenvolvimento.

> A combinação do DNA humano e da experiência é surpreendente. Nunca encontraremos dois humanos capazes de substituir um ao outro.

Seu objetivo na vida é encontrar as pessoas, os negócios, a arte ou os projetos que mais precisam de você. Em algum lugar, existe algo só para você. Mas não crie checklists e estruturas de decisão baseadas no que outras pessoas estão fazendo. Você nunca vai ser essas pessoas. Nunca será bom em ser outro alguém. [4]

> Para fazer uma contribuição original, você precisa de uma obsessão racional por alguma coisa.

ESCOLHA CUIDAR DE SI MESMO

Minha prioridade número um na vida, acima da minha felicidade, da minha família e do meu trabalho, é a minha própria saúde. A saúde física vem em primeiro lugar. Depois, vem a minha saúde mental. Em terceiro, vem a minha saúde espiritual. E aí vem a saúde da minha família. Depois, o bem-estar da minha família. Depois disso, posso sair e fazer o que for preciso com o resto do mundo. [4]

> Nada como um problema de saúde para ligar o alerta para o resto da vida.

Em que aspectos o mundo moderno nos afasta da maneira como os humanos deveriam viver?

Há muitas coisas relacionadas.

Algumas delas estão ligadas ao aspecto físico. Ainda não evoluímos para seguir determinadas dietas. É provável que a mais adequada seja parecida com uma dieta paleolítica, com ingestão majoritária de legumes e verduras e uma pequena quantidade de carne e de frutos silvestres.

Em termos de exercício, é possível que o nosso corpo seja mais adequado para brincar, em vez de correr em uma esteira. É provável que tenhamos evoluído para usar todos os nossos cinco sentidos em igual medida, em oposição a favorecer o córtex visual. Na sociedade moderna, quase todas as nossas contribuições e tipos de comunicação são visuais. Não fomos feitos para andar de sapatos. Muitos dos nossos problemas nas costas e nos pés são provocados pelo uso de sapatos. Não fomos feitos para usar roupas que nos mantenham aquecidos o tempo todo. Fomos feitos para nos expormos um pouco ao frio, o que ajuda o sistema imunológico.

Não evoluímos para viver em um ambiente perfeitamente estéril e limpo. Isso provoca alergias, e o resultado é um sistema imunológico destreinado. Chamamos isso de teoria da higiene. Evoluímos para viver em tribos muito menores e ter mais integrantes da família ao nosso redor. Passei parte da infância na Índia, e lá todo mundo se mete na vida um do outro. Tem sempre um primo, uma tia ou um tio por perto, o que torna difícil se sentir deprimido, já que você nunca está sozinho. (Não me refiro a pessoas com depressão decorrente de fatores químicos. Falo mais sobre a angústia existencial e o mal-estar que todos os adolescentes parecem sentir.) Por outro lado, porém, você não tem privacidade, então não pode ser livre. Há os dois lados da moeda.

Não fomos feitos para conferir o celular de cinco em cinco minutos. As constantes oscilações de humor provocadas por uma "curtida" seguida por um comentário raivoso nos transformam em criaturas ansiosas. Evoluímos para a escassez, mas vivemos em abundância. Há uma luta constante para dizer não quando os genes sempre querem dizer sim. Sim ao açúcar. Sim para continuar com o relacionamento. Sim a bebidas alcoólicas. Sim às drogas. Sim, sim, sim. Nossos corpos não sabem dizer não. [8]

> Quando todo mundo está doente, não consideramos mais aquilo como doença.

DIETA

> Com a exceção da matemática, da física e da química, não há muita "ciência estabelecida". Ainda estamos discutindo sobre qual seria a dieta ideal.

Você tem alguma opinião a respeito da dieta cetogênica?

Parece ser muito difícil de seguir. Faz sentido que o cérebro e o corpo tenham um mecanismo de reserva. Por exemplo, na Era do Gelo, os humanos evoluíram sem muitas plantas disponíveis. Ao mesmo tempo, já faz milhares de anos que nos alimentamos de verduras e legumes (...) Não acho que façam mal, mas algo mais próximo da dieta paleolítica provavelmente esteja correto.

Acho que a interação entre açúcar e gordura é de fato interessante. Gordura é o que nos deixa saciados. Alimentos gordurosos fazem com que nos sintamos satisfeitos. A maneira mais fácil de se sentir saciado é fazer uma dieta cetogênica, em que toneladas de bacon são consumidas o tempo todo, a ponto de se sentir quase enjoado e não querer mais ver gordura na frente.

O açúcar nos deixa com fome. O açúcar sinaliza para o corpo: "Existe um recurso alimentar incrível no ambiente para o qual ainda não evoluímos", e aí saímos correndo atrás de açúcar. O problema é que o efeito do açúcar predomina sobre o da gordura. Se fizermos uma refeição gordurosa e acrescentarmos um pouco de açúcar, este vai proporcionar a fome, e a gordura vai fornecer as calorias, e aí simplesmente nos esbaldamos. É por isso que todas as sobremesas são grandes combinações de gordura e carboidratos.

Na natureza, é muito raro encontrar carboidratos e gordura juntos. Os dois estão presentes em cocos, mangas e talvez em bananas, mas basicamente só em frutas tropicais. A combinação de açúcar e gordura é de fato mortal. Temos que estar muito atentos a isso na dieta.

Não sou um especialista no assunto, e o problema é que dieta e nutrição são como política: todo mundo pensa que sabe tudo a respeito. Nossa identidade está envolvida nisso porque o que comemos ou o que achamos que deveríamos comer é obviamente a resposta correta. Todo mundo tem algum tipo de crença, é um assunto muito difícil de discutir. Direi apenas que, em geral, qualquer dieta sensata evita a combinação de açúcar e gordura. [2]

> Na alimentação, a gordura leva à saciedade. O açúcar provoca fome. O efeito do açúcar é dominante. Controle o apetite a partir daí.

A maioria das pessoas saudáveis e em forma se concentra muito mais no que come do que no quanto come. O controle da qualidade é mais fácil do que (e leva a) o controle de quantidade. [11]

Ironicamente, fazer jejum (partindo de um princípio da dieta paleolítica de baixo teor de carboidratos) é mais fácil do que controlar as porções. Quando o corpo detecta o alimento, este domina o cérebro. [11]

O que me pergunto em relação ao pão de forma é como ele consegue se manter macio em temperatura ambiente por meses. Se as bactérias não o comerão, será que você deveria? [11]

Já se passaram cinco mil anos, e ainda estamos discutindo se a carne ou os vegetais são venenosos. Livre-se dos extremistas e de qualquer alimento inventado nas últimas centenas de anos. [11]

Quando se trata de medicina e nutrição, subtraia antes de adicionar. [11]

Meu treinador me envia fotos de suas refeições, e isso me faz lembrar de que somos todos viciados em sabores. [11]

> A dieta mais simples do mundo: quanto mais processado, menos o alimento deve ser consumido.

EXERCÍCIOS

> Quanto mais difícil for o treino, mais fácil será o dia.

Qual hábito você diria que tem o impacto mais positivo na sua vida?

A prática diária de exercícios pela manhã. Isso foi uma verdadeira transformação na minha vida, porque me fez sentir mais saudável, mais jovem; me fez não sair tarde. Surgiu a partir de algo simples, que é o que todo mundo diz: "Não tenho tempo". Basicamente, sempre que cobramos de alguém algum dos chamados bons hábitos, essa pessoa terá uma desculpa. Em geral, a mais comum é "Não tenho tempo". "Não tenho tempo" é apenas outra forma de dizer "Isso não é uma prioridade". O que você realmente precisa fazer é determinar se é uma prioridade ou não. Se algo for sua prioridade número um, você o fará. É assim que funciona. Se você tem uma miscelânea de dez ou quinze prioridades diferentes, não vai dar conta de nenhuma.

Determinei que minha prioridade número um na vida, acima da minha felicidade, acima da minha família e acima do meu trabalho, é a minha saúde. Isso começa com a minha saúde física. [4] Como minha saúde física se tornou minha prioridade número um, eu nunca poderia dizer que não tenho tempo. De manhã, faço atividade física, que leva o tempo que tiver que levar. Meu dia só começa depois do exercício. Não importa se o mundo está implodindo e caindo aos pedaços, pode esperar mais meia hora até que eu termine de me exercitar.

Pratico atividade física quase todos os dias. Tenho que pular alguns dias se estiver viajando, lesionado, doente ou algo assim. Ao longo de um ano, posso contar nos dedos de uma mão o número de dias sem exercício físico. [4]

> Um mês de ioga faz com que eu me sinta dez anos mais jovem. Ter flexibilidade significa permanecer jovem.

A forma como você cria um hábito não faz diferença. Faça algo todos os dias. O que é feito é quase irrelevante. Quem não consegue se decidir se faz musculação, joga tênis, pratica pilates, faz um treinamento intervalado de alta intensidade, segue o programa "The Happy Body" ou qualquer outra coisa não conseguiu entender o propósito. O importante é fazer algo todos os dias. Não importa o que seja. O melhor exercício para você é aquele que o deixa animado o suficiente para fazer todos os dias. [4]

> Benefícios de fazer reuniões durante uma caminhada:
>
> - O cérebro funciona melhor.
> - Exercício & luz do sol.
> - As reuniões são mais curtas, então há menos enrolação.
> - Há mais diálogo, menos monólogo.
> - Não há slides.
> - São fáceis de encerrar, basta caminhar de volta.

Como tudo na vida, se você estiver disposto a fazer o sacrifício a curto prazo, terá o benefício a longo prazo. O meu treinador (Jerzy Gregorek) é um cara muito inteligente e genial. Ele sempre diz: "Escolhas fáceis, vida difícil. Escolhas difíceis, vida fácil."

Basicamente, se você está fazendo as escolhas difíceis agora em relação ao que come, não está comendo a quantidade de junk food que deseja e está fazendo a escolha difícil de praticar atividade física. Portanto, sua vida a longo prazo será fácil. Você não vai ficar doente. Não vai lhe faltar saúde. O mesmo se aplica aos valores. O mesmo vale em relação a poupar para uma necessidade futura. O mesmo se aplica à maneira como abordamos os relacionamentos. **Se fizer as escolhas fáceis agora, a sua vida em geral será muito mais difícil.** [4]

A MEDITAÇÃO
É

O JEJUM
INTERMITENTE

PARA A MENTE.

MEDITAÇÃO + FORÇA MENTAL

> A emoção é a nossa biologia evoluída prevendo o futuro impacto de um acontecimento atual. Nos termos modernos, costuma ser exagerada ou equivocada.

Por que a meditação é tão poderosa?

A respiração é um dos poucos pontos em que o sistema nervoso autônomo encontra o sistema nervoso somático. É involuntário, mas você também pode controlá-la.

Acho que muitas práticas de meditação enfatizam a respiração porque ela é uma porta de entrada para o sistema nervoso autônomo. Há inúmeros casos na literatura médica e espiritual de pessoas que controlam o próprio corpo em níveis que deveriam ser autônomos.

A nossa mente é muito poderosa. O que há de tão incomum no fato de o cérebro anterior enviar sinais para o cérebro posterior, que então conduz recursos para todo o corpo?

Você pode fazer isso usando apenas a respiração. A respiração relaxada diz ao corpo que estamos seguros, e aí o cérebro anterior não precisa de tantos recursos quanto de costume. Nesse momento, a energia extra pode ser enviada para o cérebro posterior, que pode redirecionar esses recursos para o restante do corpo.

Não estou dizendo que você pode vencer qualquer doença só porque ativou o cérebro posterior. Mas, ao fazer isso, está dedicando ao sistema imunológico a maior parte da energia que normalmente utiliza para se preocupar com o ambiente externo.

Recomendo ouvir o podcast de Tim Ferriss com Wim Hof. Ele é um milagre ambulante. O apelido de Wim é Homem de Gelo. Ele detém o recorde mundial pela maior quantidade de tempo em uma banheira de gelo e por nadar em águas congelantes. Ele é uma grande inspiração para mim, não apenas porque é capaz de feitos físicos sobre-humanos, mas porque é incrivelmente gentil e feliz — o que não é tarefa fácil.

Wim Hof defende a exposição ao frio, pois acredita que as pessoas estão muito distantes de seu ambiente natural. Estamos constantemente vestidos, alimentados e aquecidos. Nossos corpos perderam contato com o frio, que é importante, já que pode ativar o sistema imunológico.

Wim defende tomar longos banhos de imersão no gelo. Como venho do subcontinente indiano, me oponho fortemente a essa ideia, mas ele me inspirou a dar uma chance ao banho frio. E fiz isso usando o método de respiração de Wim Hof, que envolve hiperventilação para fornecer mais oxigênio ao sangue, o que aumenta a temperatura central. Feito isso, você pode entrar no chuveiro.

Os primeiros banhos frios que tomei foram hilários, porque eu tentava entrar no chuveiro devagar e me retraía todo. Comecei faz uns quatro ou cinco meses. Agora abro o chuveiro no máximo e entro direto. Não me permito hesitar. Assim que ouço a voz na minha cabeça dizendo que vai estar muito frio, sei que tenho que entrar.

Aprendi uma lição muito importante com isso tudo: a maior parte do nosso sofrimento vem de evitar as coisas. A maior parte do sofrimento de um banho frio é entrar no chuveiro na ponta dos pés. Depois que conseguir entrar, você já está no chuveiro. Não é sofrimento. É apenas frio. O corpo dizer que está frio é diferente de a mente dizer que está frio. Reconheça que o seu corpo está dizendo que está frio. Olhe para ele. Lide com isso. Aceite, mas não deixe a mente sofrer por isso. Tomar um banho frio de dois minutos não mata ninguém.

Tomar um banho frio nos ajuda a reaprender essa lição todas as manhãs. Agora, banhos quentes são apenas uma coisa a menos de que preciso na vida. [2]

> A meditação é um jejum intermitente para a mente.
>
> Açúcar em excesso deixa o corpo pesado, e distrações em excesso deixam a mente pesada.
>
> O tempo gasto sem distrações e sozinho, fazendo autoanálise, escrevendo um diário, meditando, resolve o não resolvido e nos faz deixarmos de estar mentalmente obesos — ficamos com a mente em forma.

Você tem uma prática atual de meditação?

Acho que meditação é como fazer dieta, todos supostamente seguem um regime. Todo mundo diz que está de dieta, mas na verdade ninguém está. Descobri que é muito raro encontrar um grupo de pessoas que meditam regularmente. Identifiquei e tentei pelo menos quatro tipos diferentes de meditação.

Descobri que o que funciona melhor para mim é a chamada consciência sem escolha ou sem julgamento. Enquanto se dedica aos afazeres diários (com sorte terá algum relacionado à natureza) e sem falar com mais ninguém, você aprende a aceitação do momento em que está sem fazer julgamentos. Você não pensa: "Ah, tem um sem-teto ali, é melhor atravessar a rua" ou olha para alguém fazendo corrida e diz: "Essa pessoa está fora de forma e eu estou mais em forma do que ela."

Se eu visse um cara naqueles dias em que nem o cabelo colabora, eu pensaria "Haha, ele está com o cabelo todo bagunçado hoje". Bem, mas por que estou rindo dele para me sentir melhor comigo mesmo? E por que estou tentando me sentir melhor em relação ao meu próprio cabelo? Porque estou perdendo meu cabelo e tenho medo de que suma. O que percebo é que 90% dos pensamentos que tenho são baseados no medo. Os outros 10% talvez sejam baseados no desejo.

Você não toma nenhuma decisão. Não julga nada. Apenas aceita tudo. Se eu fizer isso por dez ou quinze minutos enquanto ando por aí, termino em um estado de muita paz e gratidão. Consciência sem escolha funciona bem para mim. [6]

Também é possível fazer meditação transcendental, que é quando se usam cânticos repetitivos para criar um ruído branco na cabeça, de modo a enterrar os pensamentos. Ou é possível apenas estar ciente e muito alerta a respeito dos seus pensamentos à medida que eles surgem. Ao observar os pensamentos, percebemos quantos deles são oriundos do medo. Quando reconhecemos um medo, ele vai embora antes de tentarmos esquecê-lo. Passado um tempo, a mente se acalma.

Quando a mente se acalma, deixamos de tomar tudo ao nosso redor como garantido. Começamos a reparar nos detalhes. E aí vem o pensamento: "Nossa, moro em um lugar tão lindo. É tão bom ter roupas e poder ir a uma cafeteria e tomar um café a qualquer hora. Olhe para essas pessoas — cada uma tem uma vida perfeitamente válida e completa acontecendo em suas próprias cabeças."

Isso nos tira da narrativa que estamos sempre contando a nós mesmos. Se você parar de falar sozinho por dez minutos, se parar de ficar obcecado com a própria história, perceberá que estamos muito acima na hierarquia de necessidades de Maslow e que a vida é muito boa. [6]

> Dica: Quando estiver na cama, medite. Você fará uma meditação profunda ou vai cair no sono. De um jeito ou de outro, a vitória é garantida.

Outro método que aprendi é simplesmente ficar sentado de olhos fechados todos os dias por pelo menos uma hora. Você se entrega a tudo o que acontece — não faz nenhum esforço. Não se esforça por nada, nem contra nada. Se pensamentos passarem pela sua mente, você os deixa correr.

Muitas coisas acontecem conosco ao longo da vida. Algumas são boas; outras, ruins, a maioria de nós processamos e dissolvemos, mas algumas se aderem a nós. Com o tempo, se aderem mais e mais, até ficarem parecidos com aquelas cracas que grudam no casco dos navios.

Perdemos aquele sentimento de admiração e a capacidade de estarmos focados no presente e felizes, aspectos tão típicos da infância. Perdemos a felicidade interior porque desenvolvemos uma personalidade de sofrimentos, erros, medos e desejos não resolvidos que grudaram como se fossem um monte de cracas.

Como se livrar dessas cracas? O que acontece na meditação é que ficamos lá, sentados, e não resistimos à nossa mente. Essas coisas começam a borbulhar. É como uma caixa de entrada gigante cheia de e-mails não respondidos que recebemos desde a infância. Eles vão aparecer um por um, e seremos forçados a lidar com todos.

Você será forçado a resolvê-los. Resolvê-los não exige trabalho nenhum — basta observá-los. Agora você é um adulto com algum distanciamento, tempo e espaço em relação a acontecimentos do passado e pode simplesmente resolvê-los. Você consegue ser muito mais objetivo em relação a como os encara.

Com o tempo, você resolverá muitas dessas coisas profundamente arraigadas e não resolvidas que tem na cabeça. Uma vez resolvidas, você se sentará para meditar e perceberá que a "caixa de entrada" mental está vazia. É uma sensação incrível abrir a nossa "caixa de entrada" mental e perceber que não tem nenhum e-mail.

É um estado de alegria, bem-aventurança e paz. Depois de alcançar esse objetivo, ninguém quer desistir. Se você consegue desfrutar de uma hora de bem-aventurança todas as manhãs apenas ficando sentado de olhos fechados, vale muito a pena. Vai mudar a sua vida.

Recomendo meditar uma hora todas as manhãs, porque menos do que isso não é tempo suficiente para alcançar o estado de meditação de fato. Se quiser realmente tentar a meditação, experimente por dois meses, durante uma hora por dia, logo de manhã. Após cerca de sessenta dias, estará cansado de ouvir a própria mente. Terá resolvido muitos problemas, ou terá os escutado o suficiente a ponto de enxergar além dos medos e problemas.

A meditação não é difícil. Tudo o que você precisa fazer é se sentar e não fazer nada. Apenas sente-se. Feche os olhos e diga: "Só vou me dar uma pausa de uma hora. Esta é minha hora de folga da vida. Esta é a hora em que não vou fazer nada.

"Se os pensamentos vierem, eles virão. Não vou lutar contra eles. Não vou acolhê-los. Não vou pensar muito a respeito. Não vou rejeitá-los. Só vou ficar sentado aqui por uma hora, com meus olhos fechados, e não vou fazer nada". Isso é muito difícil? Por que você não pode fazer nada por uma hora? O que há de tão difícil em dar a si mesmo uma pausa de uma hora? [72]

Houve algum momento em que você percebeu que podia controlar a maneira como interpretava as coisas? Acho que as pessoas têm o problema de não reconhecerem que podem controlar a forma como interpretam e respondem a uma situação.

Acho que todo mundo sabe que é possível. Há uma ótima palestra de Osho intitulada "A atração pelas drogas é espiritual". Ele fala sobre o motivo de as pessoas usarem drogas (todas, desde álcool, psicodélicos, até maconha). Elas fazem isso para controlar o estado mental, para controlar como reagem. Algumas pessoas bebem porque o álcool as ajuda a não se importar tanto, ou usam maconha para abstraírem, ou usam psicodélicos para se sentirem muito presentes ou conectadas à natureza. A atração pelas drogas é espiritual.

De certo modo, toda a sociedade faz algo assim. As pessoas buscam adrenalina em esportes radicais ou em estados de fluxo ou em orgasmos — qualquer um desses estados são almejados por pessoas que estão tentando sair de suas próprias mentes. Elas estão tentando fugir da voz em suas cabeças — o senso do eu superdesenvolvido.

No mínimo, não quero que meu senso do eu continue a se desenvolver e a se fortalecer à medida que envelheço. Quero que seja mais fraco e mais silencioso, para que eu possa me concentrar mais em estar na realidade cotidiana do agora, aceitar a natureza e o mundo como ele é, apreciá-lo como uma criança faria. [4]

A primeira coisa é se dar conta de que podemos observar o nosso estado mental. Meditação não significa que, de repente, vamos adquirir o superpoder de controlar nosso estado interno. A vantagem da meditação é reconhecer o quanto a mente está fora de controle. Está como um macaco arremessando fezes, correndo pelo cômodo, criando confusão, gritando e quebrando coisas. Está completamente fora de controle. É uma criatura maluca descontrolada.

Você tem que ver essa criatura maluca com seus próprios olhos antes de sentir certa aversão por ela e começar a se separar. Nesse distanciamento está a libertação. Aí percebemos: "Nossa, não quero ser essa pessoa. Por que estou tão fora de controle?" A consciência em si já basta para acalmar você. [4]

> A meditação de insight permite executar o cérebro no modo de depuração até percebermos que não passamos de uma sub-rotina em um programa mais extenso.

Tento ficar de olho no meu monólogo interno. Nem sempre funciona. Fazendo uma analogia com a programação de computadores, tento executar meu cérebro no "modo de depuração" tanto quanto possível. Quando estou conversando com alguém, ou quando participo de uma atividade em grupo, é quase impossível, já que o cérebro tem muitas coisas com que lidar. Se estou sozinho, como esta manhã, fui escovar os dentes e comecei a pensar em um podcast. Comecei a imaginar Shane fazendo um monte de perguntas, e respondi a todas. Então, percebi o que estava fazendo. Coloquei meu cérebro no modo de depuração e apenas observei cada pequena instrução passar.

Eu me perguntei: "Por que estou imaginando algo no futuro? Por que não posso simplesmente ficar aqui e escovar os dentes?". É a consciência de que meu cérebro estava se deslocando para o futuro e planejando alguma situação imaginária a partir do ego. E aí indaguei: "Bem, realmente vou ligar se passar vergonha? Quem liga? Um dia vou morrer mesmo. Isso tudo vai voltar à estaca zero, e não vou me lembrar de nada, então não faz sentido eu me preocupar".

Então me desliguei e voltei a escovar os dentes. Percebi como a escova era boa. No momento seguinte, passei a pensar em outra coisa. Tenho que voltar para o meu cérebro e perguntar: "Eu preciso mesmo resolver este problema agora?"

Noventa e cinco por cento das coisas para as quais o meu cérebro se desloca não precisam ser resolvidas naquele exato momento. Se o cérebro é como um músculo, é melhor deixá-lo em repouso, em paz. Quando surgir um problema específico, aí mergulho de cabeça nele.

Agora mesmo, enquanto temos esta conversa, prefiro me dedicar a ficar completamente envolvido no assunto e a estar 100% focado nisso, em vez de pensar: "Ah, será que escovei os dentes direito esta manhã?"

A capacidade de se concentrar em uma coisa só está relacionada à capacidade de se envolver e de estar presente, feliz e (ironicamente) de ser mais eficaz. [4]

É quase como se déssemos um passo atrás e observássemos as coisas sob uma perspectiva diferente, embora estejamos na nossa própria mente.

Os budistas falam sobre consciência versus ego. Na verdade, eles estão falando sobre como se pode encarar o cérebro, a consciência, como um mecanismo de várias camadas. Existe o cerne do sistema operacional em execução. E aí tem os aplicativos funcionando em primeiro plano. (Gosto de pensar nisso usando linguagem geek de computador.)

Na verdade, estou voltando ao meu nível de consciência do sistema operacional, que é sempre calmo, está sempre em paz e, em geral, é feliz e contente. Estou tentando me manter no modo de consciência e não ativar a mente de macaco, que está sempre preocupada, assustada e ansiosa. A mente de macaco pode servir a propósitos incríveis, mas tento não a ativar até que seja necessária. Quando preciso dela, quero me concentrar apenas nisso. Se eu a executar o tempo todo, desperdiço energia e passo a ser a mente de macaco. E eu sou mais do que isso.

Outra coisa: espiritualidade, religião, budismo ou qualquer doutrina que adotamos, com o tempo, nos ensinará que somos mais do que apenas a nossa mente. Somos mais do que apenas os nossos hábitos. Somos mais do que apenas as nossas preferências. Somos um nível de consciência. Somos um corpo. Como humanos modernos, não vivemos o suficiente nos nossos corpos. Não vivemos o suficiente na nossa consciência. Vivemos muito neste monólogo interno nas nossas cabeças. Tudo isso foi programado em nós pela sociedade e pelo meio quando éramos mais jovens.

Você é basicamente um aglomerado de DNA que reagiu aos efeitos do ambiente quando era mais jovem. Registrou as experiências boas e ruins e as usa para prejulgar tudo o que aparece pela frente. E aí começa a usar essas experiências, constantemente tentando prever e mudar o futuro.

Conforme você envelhece, a soma das preferências que acumulou é muito, muito grande. Essas reações habituais acabam como trens desgovernados capazes de controlar o seu humor. Devemos controlar o nosso próprio humor. Por que não estudamos como controlar o humor? Que coisa magistral seria se pudéssemos dizer: "Neste momento, eu gostaria de estar no estado de curiosidade", e então pudéssemos genuinamente entrar no estado de curiosidade. Ou dizer: "Quero estar em estado de luto. Estou de luto por um ente querido e quero chorar por ele. Quero mesmo sentir isso. Não quero que o problema de programação de computador que precisarei encarar amanhã tire o meu foco."

A mente em si é um músculo — pode ser treinada e condicionada. Foi condicionada ao acaso pela sociedade para estar fora de nosso controle. Se você contemplar sua mente com consciência e intenção (um trabalho incessante), acho que poderá desvendar a própria mente, as emoções, os pensamentos e as reações. E aí poderá começar a se reconfigurar. Poderá começar a reescrever esse programa como bem entender. [4]

> Meditar é se desligar do que a sociedade fala e começar a ouvir a si mesmo.
>
> Só "funciona" quando é praticada em prol do próprio bem.
>
> Caminhar é uma meditação ambulante.
>
> Escrever um diário é uma meditação escrita.

> Orar é uma meditação de gratidão.

> Tomar banho é uma meditação acidental.

> Sentar-se em silêncio é uma meditação direta.

ESCOLHA CONSTRUIR A SI MESMO

> O maior superpoder é a capacidade de mudar a si mesmo.

Qual foi o maior erro que você cometeu na vida e como se recuperou?

Cometi uma série de erros que resumiria da mesma forma. Os erros só eram óbvios em retrospecto, depois de um exercício que consiste em se perguntar: quando você tiver trinta anos, que conselho daria a seu eu de vinte anos? E quando tiver quarenta, que conselho daria a seu eu de trinta? (Talvez, se você for mais jovem, possa fazer isso a cada cinco anos.) Sente-se e diga: "Ok, em 2007, o que eu estava fazendo? Como eu estava me sentindo? Em 2008, o que eu estava fazendo? Como eu estava me sentindo? Em 2009, o que eu estava fazendo? Como eu estava me sentindo?".

A vida vai se desenrolar da maneira que tiver de ser. Haverá aspectos bons e ruins. A maior parte depende apenas da interpretação de cada um. Nascemos, temos todo um conjunto de experiências sensoriais e depois morremos. Cabe a cada um escolher como interpretar essas experiências, e pessoas diferentes as interpretam de maneiras distintas.

Na verdade, eu gostaria de ter feito todas as mesmas coisas, mas com menos emoção e menos raiva. O exemplo mais notório foi quando eu era mais jovem e abri uma empresa. A empresa se saiu bem, mas eu não, então processei algumas das pessoas envolvidas. No fim das contas, foi bom para mim e deu tudo certo, mas à custa de muita angústia e raiva.

Hoje em dia, eu não teria a angústia e a raiva. Teria simplesmente ido até as pessoas e dito: "Olha, aconteceu tal coisa. Vou proceder de tal forma. Vou fazer isso assim ou assado. Tal coisa é justa. Essa outra aqui não é".

Eu teria percebido que a raiva e as emoções são um preço caro a se pagar e são totalmente desnecessárias. Agora, estou tentando aprender com isso e fazer as mesmas coisas que considero certas, mas sem a parte da raiva e com um ponto de vista muito a longo prazo. Depois de adotar um ponto de vista muito a longo prazo e deixar a emoção de lado, não há como considerar essas coisas como um erro. [4]

Mais uma vez, os hábitos são tudo o que somos. Desde crianças, somos treinados a adquirir hábitos, incluindo fazer xixi no penico, quando chorar e quando não chorar, como sorrir e quando não sorrir. Essas coisas se tornam hábitos — comportamentos que aprendemos e incutimos em nós mesmos.

Quando ficamos mais velhos, somos um conjunto de milhares de hábitos em execução constante no subconsciente. Temos um pouco de capacidade intelectual extra em nosso neocórtex para resolver novos problemas. Nós nos transformamos em nossos hábitos.

Isso me ocorreu quando meu treinador me passou uma série de exercícios para fazer todos os dias. Eu nunca tinha praticado atividade física diariamente. É um treino leve. Não é para pegar pesado com o corpo, mas eu fazia todos os dias. Percebi a transformação incrível e surpreendente que isso causou em mim tanto física quanto mentalmente.

> Para ter paz de espírito, primeiro é preciso ter paz corporal.

O ensinamento que ficou para mim foi o poder dos hábitos. Comecei a perceber que tudo se resumia a isso. A qualquer momento, tento adquirir um bom hábito ou descartar um mau hábito que já tenha. É um processo demorado.

Se alguém disser: "Quero ficar em forma, quero ser saudável. No momento, estou fora de forma e acima do peso." Bem, nada que seja sustentável vai funcionar em três meses. Vai ser pelo menos uma jornada de dez anos. A cada seis meses (dependendo da velocidade com que consiga fazer isso), você vai romper com maus hábitos e adquirir outros bons. [6]

Uma das coisas abordadas por Krishnamurti é estar em um estado interno de revolução. Sempre devemos estar prontos internamente para uma mudança completa. Sempre que dizemos que vamos *tentar* fazer algo ou *tentar* criar um hábito, estamos tirando o corpo fora.

Só estamos dizendo a nós mesmos: "Vou tentar ganhar um pouco mais de tempo." A realidade é que, quando nossas emoções querem que façamos alguma coisa, simplesmente tomamos a atitude. Se você quiser se aproximar de uma garota bonita, se quiser tomar um drinque, se você realmente deseja algo, vá em frente.

Quando dizemos: "Eu *vou* fazer isso" e "Eu *vou* ser aquilo", estamos, na realidade, postergando, arranjando uma desculpa. Pelo menos, se tiver autoconsciência, você poderá pensar: "Eu digo que quero fazer isso, mas na verdade não quero, porque se quisesse mesmo, eu simplesmente faria."

Comprometa-se externamente com um número suficiente de pessoas. Por exemplo, se quiser parar de fumar, tudo o que precisa fazer é dizer a todo mundo que você conhece: "Eu parei de fumar. Eu consegui. Dou a minha palavra."

É tudo o que você precisa fazer. Vá em frente, certo? Mas a maioria de nós diz que ainda não está pronto. Sabemos que não queremos nos comprometer externamente. É importante ser honesto consigo mesmo e dizer: "Tudo bem, não estou pronto para parar de fumar. Eu gosto muito de cigarro, vai ser muito difícil deixá-lo de lado."

Em vez disso, diga: "Vou estabelecer uma meta mais razoável para mim; vou reduzir para tantos cigarros por dia. Posso me comprometer externamente com isso. Vou me concentrar nessa meta por três ou seis meses. Quando eu finalmente chegar lá, darei o próximo passo, em vez de ficar me culpando por não parar de vez."

Quando você realmente quer mudar, simplesmente muda. Mas a maioria de nós não quer mudar de verdade — ainda não estamos dispostos a encarar a dor. Pelo menos reconheça isso, esteja ciente disso e proporcione a si mesmo uma pequena mudança que de fato seja capaz de realizar. [6]

> Impaciência com as ações, paciência com os resultados.

Não importa o que você precisa fazer, apenas faça. Por que esperar? Você não está ficando mais jovem. A vida está passando. Você não quer perder tempo esperando na fila. Não quer ficar viajando de um lado para outro. Não quer desperdiçar a vida fazendo coisas que sabe que, no fim das contas, não fazem parte de sua missão.

Quando agir, você vai querer fazer tudo o mais rápido que for possível fazer bem, dedicando toda a sua atenção. Mas aí só é preciso ter paciência com os resultados, porque, afinal, você está lidando com sistemas complexos e com muitas pessoas.

Leva muito tempo para que os mercados adotem produtos. Leva tempo para que as pessoas se sintam confortáveis trabalhando umas com as outras. Demora para que surjam produtos excelentes à medida que vão sendo aperfeiçoados. Impaciência com as ações, paciência com os resultados. Como disse Nivi, a inspiração é perecível. Quando tiver inspiração, aja imediatamente. [76]

TEMPO →

○ ○ ○ ○ ○ ○ ○ ○ ◐ ●

○ AÇÕES
● RESULTADOS

ESCOLHA CRESCER

Não acredito em metas específicas. Scott Adams disse a célebre frase: "Estabeleça sistemas, não metas." Use seu discernimento para descobrir em quais tipos de ambiente você pode prosperar e, em seguida, crie esse ambiente, para que haja probabilidade de sucesso.

> O ambiente atual programa o cérebro, mas o cérebro inteligente pode escolher o ambiente seguinte.

Não vou ser a pessoa mais bem-sucedida do planeta, nem quero ser. Quero apenas ser a versão mais bem-sucedida de mim mesmo enquanto trabalho o menos arduamente possível. Quero viver de uma forma que, se minha vida acontecesse mil vezes, eu teria sucesso em 999 delas. Naval não é um bilionário, mas se sai muito bem quase sempre. Pode não ter acertado em cheio em todos os aspectos, mas estabeleceu sistemas que o fizeram fracassar poucas vezes. [4]

Lembra que comecei como uma criança pobre na Índia, certo? Se eu consegui chegar lá, qualquer um pode, nesse sentido. Obviamente, eu tenho um corpo funcional, além das faculdades mentais em perfeito estado e acesso à educação. Existem alguns pré-requisitos que não podem faltar. Mas, se você está lendo este livro, provavelmente tem os meios necessários à sua disposição, que são um corpo e uma mente funcionando. [76]

> Caso tenha algo que queira fazer depois, faça agora. Não existe "depois".

Como você aprende sobre novos assuntos?

Na maioria das vezes, fico apenas no básico. Mesmo quando aprendo algo relacionado a física ou ciências, eu me concentro no básico. Leio conceitos por diversão. É mais provável que eu faça algo que contenha aritmética do que cálculo. A essa altura, não serei um grande físico. Talvez na próxima vida, ou quem sabe o meu filho seja, mas, para mim, é tarde demais. Tenho que me ater ao que gosto.

Para mim, a ciência é o estudo da verdade. É a única disciplina verdadeira, pois faz previsões refutáveis. Na verdade, muda o mundo. A ciência aplicada se transforma em tecnologia, e a tecnologia é o que nos distingue dos animais e nos permite ter coisas como telefones celulares, casas, carros, aquecimento e eletricidade.

A meu ver, a ciência é o estudo da verdade, e a matemática é a linguagem da ciência e da natureza.

Não sou religioso, mas sou espiritualista. Para mim, a atitude mais devota que eu poderia ter é estudar as leis do universo. Quando estudo ciência, tenho o mesmo barato que alguém pode sentir por estar em Meca ou Medina e curvar-se ao profeta, além da mesma sensação enlevada e de um pequeno senso de identidade. Para mim, é incomparável e prefiro ficar no básico. Essa é a beleza da leitura. [4]

Você concorda com a ideia de que "Se você ler o que todo mundo está lendo, vai pensar igual a todo mundo"?

Acho que quase tudo o que as pessoas leem hoje em dia é desenvolvido para conquistar aprovação social. [4]

Conheço pessoas que leram centenas de livros mastigados sobre a evolução, mas nunca leram Darwin. Pense na quantidade de macroeconomistas por aí. Acho que a maioria deles leu toneladas de tratados de economia, mas não leu nada escrito por Adam Smith.

Em algum nível, fazemos isso para obter aprovação social, para nos enturmarmos com os outros macacos. Tentamos nos encaixar para nos darmos bem com o rebanho. Os retornos na vida não estão presentes nisso. Eles aparecem quando se está fora do rebanho.

A aprovação social fica no interior do rebanho. Se você quer alcançá-la, definitivamente deve ler o que o rebanho está lendo. É preciso certo nível de divergência para dizer: "Não. Eu vou fazer as minhas próprias coisas. Seja qual for o resultado social, vou aprender tudo o que achar interessante".

Você acha que tem uma certa aversão à perda aí? Porque, quando divergimos, não sabemos ao certo se estamos divergindo rumo a um resultado positivo ou negativo.

Com certeza. Acho que é por isso que as pessoas mais inteligentes e bem-sucedidas que conheço começaram, na verdade, como perdedoras. Se você se enxerga como um perdedor, como alguém que foi banido do convívio social e não tem nenhum papel na sociedade normal, fará as próprias escolhas e terá bem mais chances de encontrar o caminho da vitória. Ajuda muito quando começamos dizendo: "Nunca serei popular. Nunca serei aceito. Já sou um perdedor. Não vou conseguir o que todas as outras crianças têm. Tudo o que preciso fazer é estar feliz sendo eu mesmo."

Para se aperfeiçoar sem autodisciplina, atualize a sua autoimagem.

Todo mundo tem motivação para alguma coisa. Só depende da coisa. Até mesmo as pessoas que julgamos como desmotivadas ficam, de repente, muito motivadas quando estão jogando videogame. Acredito que a motivação seja relativa, então só é preciso descobrir do que você gosta. [1]

> Esforce-se e sue, trabalhe e sangre, enfrente o abismo. Tudo isso faz parte de se tornar um sucesso instantâneo.

Se você tivesse que transmitir a seus filhos um ou dois princípios, quais seriam?

Em primeiro lugar: leia. Leia tudo o que puder, e não apenas as coisas que a sociedade diz que são boas, ou mesmo os livros que eu lhe digo para ler. Apenas leia pelo próprio benefício de ler. Desenvolva o amor pela leitura, seja qual for o tipo — romances, brochuras ou revistas em quadrinhos. Não existe porcaria. Basta ler tudo. Você vai acabar se guiando pelas coisas que deveria e quer ler.

Relacionadas à habilidade de leitura estão as habilidades de matemática e persuasão. Ambas ajudam a transitar pelo mundo real.

Ter a habilidade de persuasão é importante porque, se você é capaz de influenciar seus semelhantes, pode conseguir muita coisa. Acho que a persuasão é uma habilidade real. É possível aprendê-la, e não é tão difícil assim.

A matemática ajuda em todas as coisas complexas e difíceis da vida. Se você quer ganhar dinheiro, se quer fazer ciência, se quer compreender teoria dos jogos ou política ou economia ou saber mais sobre investimentos ou computadores — todas essas coisas têm a matemática como parte central. É uma linguagem fundamental da natureza.

A linguagem da natureza é a matemática. A matemática nada mais é do que a nossa tentativa de aplicar a engenharia reversa, ou seja, desvendar a linguagem da natureza, e até hoje demos conta da ponta do iceberg. A boa notícia é que não é necessário ter um conhecimento profundo em matemática. Basta saber estatística e aritmética básicas, por exemplo. Deve-se saber estatística e probabilidades de cor e salteado. [8]

ESCOLHA SE LIBERTAR

> O mais difícil não é fazer o que quer — é saber o que quer.

Esteja ciente de que não existem "adultos". Todo mundo vai descobrindo as coisas ao longo do percurso. Você tem que encontrar seu próprio caminho, escolher, selecionar e descartar conforme achar melhor. Descubra você mesmo como fazer e depois faça. [69]

Como seus valores mudaram?

Quando eu era mais novo, valorizava muito a liberdade. A liberdade era um dos meus valores fundamentais. Ironicamente, ainda é. É muito provável que esteja entre os meus três principais valores, mas agora é uma definição diferente de liberdade.

Minha antiga definição era "liberdade para". Liberdade para fazer o que eu quiser. Liberdade para fazer o que eu quiser, quando eu quiser. Agora, a liberdade que procuro é interna. É a "liberdade de". Liberdade de reação. Liberdade do sentimento de raiva. Liberdade do sentimento de tristeza. Liberdade da obrigação de fazer as coisas. Estou em busca da "liberdade de", interna e externamente, ao passo que antes eu almejava a "liberdade para". [4]

> Conselho para o meu eu mais jovem: "Seja exatamente quem você é".
>
> Não avançar significa permanecer em relacionamentos e em empregos ruins por anos, não por minutos.

LIBERDADE DAS EXPECTATIVAS

Eu não meço minha eficácia de forma alguma. Não acredito em autoavaliação. Sinto que essa é uma forma de autodisciplina, autopunição e autocontrole. [1]

Se você magoa outras pessoas porque elas têm expectativas em relação a você, isso é problema delas. Se elas têm um acordo com você, o problema é seu. Mas, se elas têm uma expectativa em relação a você, o problema é todo delas. Não tem nada a ver com você. Elas vão ter muitas expectativas na vida. Quanto mais cedo você frustrar a expectativa dos outros, melhor. [1]

> Coragem não é se atirar contra um ninho de metralhadoras. Coragem é não se importar com o que os outros pensam.

Quem me conhece há muito tempo sabe que a característica que me define é uma combinação de muita impaciência e obstinação. Não gosto de esperar. Odeio perder tempo. Tenho fama de ser rude em festas, eventos e jantares, porque, assim que percebo que é uma perda de tempo, dou no pé.

Valorize o seu tempo. É tudo o que você tem. É mais importante que o dinheiro. É mais importante que seus amigos. É mais importante do que qualquer outra coisa. Seu tempo é tudo que você tem. Não o desperdice.

Isso não significa que você não possa relaxar. Contanto que esteja fazendo o que deseja, não é perda de tempo. Mas, se você não estiver dedicando o seu tempo a fazer o que quer e não estiver lucrando nem aprendendo — o que diabos vai estar fazendo?

Não desperdice seu tempo fazendo outras pessoas felizes. A felicidade dos outros é problema deles, e não seu. Se você está feliz, outras pessoas ficam felizes. Se está feliz, as pessoas vão perguntar como você ficou feliz e podem aprender com isso, mas você não é responsável por fazer os outros felizes. [10]

LIBERDADE DA RAIVA

O que é raiva? É uma forma de sinalizar com intensidade para os outros que você é capaz de praticar violência. A raiva é precursora da violência.

Pense no que acontece quando você está com raiva — trata-se de perder o controle sobre a situação. A raiva é um acordo que fazemos com nós mesmos para estarmos em turbulência física, mental e emocional até que a realidade mude. [1]

> A raiva é o castigo em si. Uma pessoa com raiva tentando empurrar a sua cabeça para debaixo d'água também está se afogando junto.

LIBERDADE DO EMPREGO

Quem leva uma vida mais simples do que a possibilidade de suas posses desfruta de uma liberdade que as pessoas em busca de um padrão de vida mais elevado não conseguem imaginar. [11]

Quando tiver de fato controlado o próprio destino, para o bem ou para o mal, você nunca vai deixar ninguém lhe dizer o que fazer. [11]

> Um gostinho de liberdade pode torná-lo não empregável.

LIBERDADE DO PENSAMENTO DESCONTROLADO

Estou desenvolvendo um grande hábito que consiste em tentar desligar minha "mente de macaco". Quando crianças, somos um quadro em branco. Vivemos muito no agora. Basicamente, apenas reagimos ao nosso ambiente por meio de nossos instintos. Vivemos no que eu chamaria de "mundo real". A puberdade é o início do desejo — a primeira vez que realmente queremos algo e iniciamos um planejamento de longo prazo. Começamos a pensar muito, a construir uma identidade e um ego para conseguir o que desejamos.

Se você anda pela rua e vê mil pessoas, todas estão travando uma conversa mental consigo mesmas. Estão sempre julgando tudo o que veem. Reproduzindo cenas de coisas que lhes aconteceram no dia anterior. Fantasiando com o que vai acontecer no dia seguinte. Ausentam-se da realidade básica. Isso pode ser bom quando se faz um planejamento a longo prazo, quando resolvemos problemas. É bom para nós enquanto máquinas de sobrevivência e replicação.

Mas, na verdade, acho que é muito ruim para a nossa felicidade. A meu ver, a mente deve atuar como um servo e uma ferramenta, não como um mestre. Minha mente de macaco não deve me controlar e conduzir o tempo inteiro.

Quero interromper o hábito de pensar descontroladamente, o que é difícil. [4]

> Uma mente ocupada acelera a passagem do tempo subjetivo.

Não existe um ponto-final para a autoconsciência e a autodescoberta. É um processo que dura a vida toda e, com sorte, ficamos cada vez melhores em executá-lo. Não existe uma resposta significativa e ninguém vai resolvê-la por completo, a menos que você seja uma dessas figuras iluminadas. Talvez alguns de nós cheguemos lá, mas é provável que não seja o meu caso, já que estou bastante envolvido na corrida dos ratos. Na melhor das hipóteses, sou um rato que pode contemplar o céu de vez em quando.

Acho que estarmos cientes de que somos um rato em uma corrida é o máximo que a maioria de nós vai conseguir. [8]

O desafio moderno:

Indivíduos solitários invocando força de vontade desumana, fazendo jejum, meditando e se exercitando...

Contra exércitos de cientistas e estatísticos que transformam comida abundante, telas e medicamentos em junk food, *clickbaits*, pornografia ilimitada, jogos sem fim e drogas viciantes.

FILOSOFIA

> As verdades autênticas são heresias. Elas não podem ser ditas. Apenas descobertas, sussurradas e talvez lidas.

OS SENTIDOS DA VIDA

Uma pergunta profunda e de fato ilimitada: quais são o sentido e o propósito da vida?

Essa é uma pergunta bem complexa. Por ser uma grande questão, darei três respostas.

Resposta 1: É algo pessoal. Você tem que encontrar seu próprio sentido. Qualquer sabedoria que tirar de outra pessoa, seja Buda ou eu, vai soar como um absurdo. Basicamente, é necessário descobrir por si mesmo, então a parte importante não é a resposta, mas a pergunta. Você simplesmente tem que se sentar e se aprofundar na pergunta. Isso pode levar anos ou décadas. Quando encontrar uma resposta que lhe agrada, logo verá que ela será fundamental para a sua vida.

Resposta 2: Não existe um sentido para a vida. Não existe um propósito para a vida. Osho disse: "É como escrever na água ou construir casas de areia." A realidade é que, para a história do universo, você passou dez bilhões de anos morto ou até mais. E estará morto pelos próximos setenta bilhões de anos ou mais, até acontecer a morte térmica do universo.

Qualquer coisa que você fizer vai desaparecer. Vai se dissipar, assim como a raça humana e o planeta. Até o grupo que colonizar Marte desaparecerá. Ninguém vai se lembrar de você depois de um certo número de gerações, seja você um artista, um poeta, um conquistador, um pobre ou qualquer outra pessoa. Nada tem sentido.

Você tem que encontrar o seu próprio sentido, tudo se resume a isso. Você tem que decidir:

"Trata-se de uma peça a que estou apenas assistindo?"

"É algum tipo de dança em que estou desenvolvendo o meu potencial pleno?"

"Existe algo específico que eu quero apenas por querer?"

São sentidos que inventamos.

Não há um sentido fundamental e intrínseco para o universo. Se existisse, simplesmente passaríamos para a próxima pergunta. Você indagaria: "Por que o sentido é esse?". Seria, como disse o físico Richard Feynman, o equivalente a ter "tartarugas *ad infinitum*". Os "porquês" continuariam se acumulando. Não há resposta que se possa dar que não leve a outro "porquê".

Eu não acredito nas respostas da vida eterna após a morte porque, a meu ver, é loucura acreditar, sem absolutamente nenhuma evidência, que, a julgar pela forma como vive seus setenta anos aqui neste planeta, você vai passar a eternidade, o que é um tempo longo demais, em alguma vida após a morte. Que tipo de Deus bobo o julga por toda a eternidade com base em um período de tempo tão curto? Acho que, depois desta vida, o que ocorre é muito parecido com antes de nascermos. Você lembra como era? Vai ser exatamente assim.

Antes de nascer, você não se importava com nada nem ninguém, incluindo seus entes queridos, você mesmo, os humanos, a ida a Marte ou a permanência no planeta Terra, a possibilidade de haver ou não inteligência artificial. Depois da morte, você também não se importará com nada disso.

Resposta 3: A última resposta que vou dar é um pouco mais complicada. Pelo que li no ramo da ciência (tenho amigos que escreveram livros sobre o assunto), consegui entrelaçar algumas teorias.

Talvez haja um sentido para a vida, mas não é um propósito muito satisfatório.

Basicamente, na física, a flecha do tempo vem da entropia.

A segunda lei da termodinâmica afirma que a entropia só aumenta, o que significa que a desordem no universo apenas aumenta, o que quer dizer que a energia livre concentrada só diminui. Se olharmos para os seres vivos (humanos, plantas, civilizações, o que for), esses sistemas estão revertendo a entropia localmente. Os humanos invertem a entropia localmente porque têm ação.

No processo, aceleramos globalmente a entropia até a morte térmica do universo. Você poderia vir com alguma teoria fantasiosa — de que, por sinal, eu gosto — de que estamos caminhando para a morte térmica do universo. Nessa morte, não há energia concentrada, e tudo está no mesmo nível de energia. Portanto, somos todos uma coisa só. Em essência, somos indistinguíveis.

O que fazemos como sistemas vivos acelera o alcance desse estado. Quanto mais complexo o sistema que criamos, seja por meio de computadores, civilização, arte, matemática ou da formação de uma família, mais de fato aceleramos a morte térmica do universo. Isso acaba nos empurrando para esse ponto em que acabamos nos tornando uma coisa só. [4]

VIVA DE ACORDO COM SEUS VALORES
Quais são os seus valores fundamentais?

Eu nunca os enumerei por completo, mas aqui estão alguns exemplos:

A honestidade é um valor extremamente fundamental. Quando digo honestidade, quero dizer ser capaz de ser apenas eu. Nunca quero estar em um ambiente ou cercado de pessoas com quem tenho que prestar atenção ao que digo. Se eu desconectar o que estou pensando do que estou dizendo, vários cenários se desenrolam na minha mente. Não estou mais focado no momento: começo a planejar o futuro ou a me arrepender do passado toda vez que converso com alguém. Não quero estar por perto de ninguém com quem eu não possa ser totalmente honesto.

> Antes de mentir para o outro, primeiro você deve mentir para si mesmo.

Outro exemplo de valor fundamental: não acredito em nenhum pensamento ou negociação a curto prazo. Se estou negociando com alguém e vejo que essa pessoa pensa a curto prazo em relação aos outros, não quero mais fazer negócios com ela. Todos os benefícios na vida são oriundos de juros compostos, seja em dinheiro, relacionamentos, amor, saúde, atividades ou hábitos. Eu só quero me cercar de pessoas de quem sei que estarei por perto pelo resto da vida. Só quero trabalhar em coisas que sei que têm retorno a longo prazo.

Outro valor fundamental é que só acredito em relações em que todos são tratados como pares. Não acredito em relações hierárquicas. Não quero estar acima de ninguém e não quero estar abaixo de ninguém. Se não posso tratar alguém como um par, se os outros não podem me tratar como um par, simplesmente não quero interagir com eles.

Mais um: parei de acreditar na raiva. Era uma coisa boa quando eu era jovem e cheio de testosterona, mas agora gosto do provérbio budista: "Guardar raiva é como segurar um carvão em brasa enquanto espera para jogá-lo em alguém". Não quero ficar com raiva e não quero estar perto de pessoas com raiva. Eu as elimino da minha vida. Não as julgo. Também já tive muita raiva. Essas pessoas têm que trabalhar nisso por conta própria. Elas que fiquem com raiva de outra pessoa, em outro lugar.

Não sei se esses valores se enquadram necessariamente em uma definição clássica, mas esse é um conjunto de coisas das quais não abro mão e que norteiam toda a minha vida. [4] Acho que todo mundo tem valores. Grande parte do ato de encontrar ótimos relacionamentos, colegas de trabalho, namorados, esposas e maridos está relacionado a buscar pessoas que têm valores alinhados aos seus. Se for esse o caso, as pequenas coisas não terão importância. Em geral, acho que, se as pessoas estão brigando ou discutindo por alguma coisa, é porque não têm valores parecidos. Se tivessem, as pequenas coisas não teriam importância. [4]

Conhecer minha esposa foi um grande teste, porque eu queria muito ficar com ela, que não tinha tanta certeza no início. Acabamos ficando juntos porque ela enxergou os meus valores. Ainda bem que eu já os tinha desenvolvido àquela altura. Caso contrário, não teria ficado com ela. Eu não a teria merecido. Como diz o investidor Charlie Munger: "Para encontrar um companheiro digno, seja digno de um companheiro digno." [4]

Minha esposa é incrivelmente adorável e dedicada à família, e eu também. Esse foi um dos valores fundamentais que nos uniu.

Ter um filho, é algo muito estranho, mas responde à pergunta sobre o sentido e o propósito da vida. De repente, a coisa mais importante no universo deixa de estar em seu corpo para estar no de uma criança. Isso muda você. Os valores se tornam inerentemente bem menos egoístas. [4]

O BUDISMO RACIONAL

> Quanto mais antiga for a pergunta, mais antigas serão as respostas.

Você chamou a sua filosofia de budismo racional. Como ela difere do budismo tradicional? Que tipo de exploração você faz?

A parte racional significa que tenho que me conciliar com a ciência e a evolução. Tenho que rejeitar todas as partes que não consigo comprovar sozinho. Por exemplo, a meditação faz bem? Faz. Esvaziar a mente é bom? É. Existe uma camada básica de consciência por trás da sua mente de macaco? Existe. Comprovei tudo isso sozinho.

Acredito em algumas crenças do budismo e as sigo porque, de novo, eu mesmo comprovei ou raciocinei com experimentos mentais. Mas não aceito coisas do tipo: "Você está pagando pelo carma de uma vida passada". Não vi isso. Não me lembro de nenhuma vida passada. Não tenho nenhuma lembrança. Só me resta não acreditar nisso.

Quando as pessoas dizem que o terceiro chacra está se abrindo e coisa e tal — não sei —, isso é apenas uma nomenclatura sofisticada. Não fui capaz de comprovar ou confirmar nada disso sozinho. Se não posso comprovar por mim mesmo ou se não consigo chegar lá por meio da ciência, então pode ser verdade, pode ser falso, mas não é refutável, então não posso encarar isso como uma verdade fundamental.

Por outro lado, sei que a evolução é verdadeira. Sei que evoluímos como máquinas de sobrevivência e replicação. Sei que temos um ego, então nos levantamos do chão, e os vermes não nos devoram, e então realmente agimos. O budismo racional, para mim, significa compreender o trabalho interno que o budismo adota para se tornar mais feliz, melhor, mais presente e no controle de suas emoções — um ser humano melhor.

Não assino embaixo de nada fantasioso só porque está escrito em um livro. Não acho que é possível levitar. Não acho que a meditação vai me dar superpoderes e coisa do tipo. Teste tudo por si mesmo, seja cético, mantenha o que é útil e descarte o que não é.

Eu diria que minha filosofia se resume a isso — em uma extremidade está a evolução como princípio obrigatório porque explica muito sobre os humanos; em outra, está o budismo, que é a filosofia espiritual mais antiga e comprovada com relação ao estado interno de cada um de nós.

Acho que é bem possível conciliar as duas coisas. Na verdade, ainda quero escrever um post no blog sobre como é possível mapear os princípios do budismo, em especial os não fantasiosos, diretamente em uma simulação de realidade virtual. [4]

> Todo mundo começa inocente. Todo mundo é corrompido. A sabedoria consiste em descartar os vícios e retornar à virtude por meio do conhecimento.

Como você define sabedoria?

Compreender as consequências de longo prazo de suas ações. [11]

> Se a sabedoria pudesse ser transmitida apenas com palavras, não teríamos mais missão alguma aqui.

O PRESENTE É TUDO O QUE TEMOS

Na verdade, não há nada além deste momento. Ninguém jamais voltou no tempo e ninguém foi bem-sucedido em prever o futuro de alguma maneira que seja relevante. A única coisa que de fato existe é o ponto exato em que você está no espaço no momento exato em que está ali.

Como todas as grandes verdades profundas, tudo é paradoxal. Quaisquer dois pontos são infinitamente diferentes. Qualquer momento é perfeitamente único. Cada momento passa tão rápido que você não consegue agarrá-lo. [4]

Estamos morrendo e renascendo a cada instante. Cabe a cada um se esquecer ou se lembrar disso. [2]

> "Tudo é mais bonito porque estamos condenados. Você nunca será mais adorável do que é agora, e nunca estaremos aqui de novo."
>
> — Homero, *A Ilíada*

Nem me lembro do que eu disse dois minutos atrás. Na melhor das hipóteses, o passado é uma pequena fita de memória fictícia na minha cabeça. No que me diz respeito, meu passado está morto. Já era. O verdadeiro significado da morte é que não há mais momentos futuros. [2]

> A inspiração é perecível — use-a imediatamente.

A INSPIRAÇÃO É PERECÍVEL, USE-A IMEDIATAMENTE.

BÔNUS

> A democratização da tecnologia permite que qualquer um seja um criador, empresário, cientista. O futuro é mais brilhante.

> É estatisticamente provável que haja civilizações alienígenas mais avançadas por aí.
>
> Se tivermos sorte, eles são ambientalistas e nos acham fofos.

RECOMENDAÇÕES DE LEITURA POR NAVAL

A verdade é que não leio para me aperfeiçoar. Leio por curiosidade e interesse. O melhor livro é aquele que você devora.

LIVROS

(Como há diversas sugestões de leitura nesta seção, talvez você prefira ter uma cópia digital, na qual poderá acessar os links para os livros. Para sua conveniência, acesse intrinseca.com.br/oalmanaquedenaval para obter uma versão digital deste capítulo.)

> Leia o suficiente para se tornar um conhecedor. Feito isso, naturalmente vai transitar melhor entre teorias, conceitos e não ficção.

NÃO FICÇÃO

O início do infinito: explicações que transformam o mundo, de David Deutsch

Não é uma leitura fácil, mas me tornou mais inteligente. [77]

Sapiens: uma breve história da humanidade, de Yuval Noah Harari

Uma história sobre a espécie humana. As observações, as estruturas e os modelos mentais farão com que você contemple a história e os humanos de forma diferente. [1]

Sapiens é o melhor livro que li nos últimos dez anos. O autor levou décadas para escrevê-lo, e suas páginas estão recheadas de ótimas ideias.[1]

O otimista racional: por que o mundo melhora, de Matt Ridley

O livro mais brilhante e esclarecedor que li nos últimos anos. Matt Ridley escreveu quatro dos meus vinte livros favoritos. [11]

Recomendo tudo o que já foi escrito pelo autor. Matt é um cientista, otimista e pensador do futuro e, sem dúvida, um dos meus autores prediletos. Li e reli tudo o que ele escreveu. [4]

→ *Genoma: a autobiografia de uma espécie em 23 capítulos*
→ *A rainha de copas: o sexo e a evolução da natureza humana*
→ *As origens da virtude: um estudo biológico da solidariedade*
→ *The Evolution of Everything: How New Ideas Emerge* [A evolução de tudo: como novas ideias surgem]

Arriscando a própria pele, de Nassim Taleb

Este é o melhor livro que li em 2018, e eu o recomendo muito. O texto contém muitas ideias ótimas. Diversos bons modelos e construtos mentais. O autor é um pouco cheio de atitude demais, mas é porque ele é brilhante, então tudo bem. Portanto, deixe o excesso de atitude de lado e leia o livro, aprenda os conceitos. É um dos melhores livros de negócios que já li. E, por sorte, não tenta se disfarçar como mais um livro de negócios. [10]

A cama de Procusto: aforismos filosóficos e práticos, de Nassim Taleb

Trata-se da coleção de sabedoria antiga do autor. Ele também é famoso por:

→ *A lógica do cisne negro: o impacto do altamente improvável*
→ *Antifrágil: coisas que se beneficiam com o caos*
→ *Iludidos pelo acaso: a influência da sorte nos mercados e na vida*

Vale a pena ler todos eles. [7]

Física em 12 lições fáceis e não tão fáceis, de Richard Feynman

Eu daria aos meus filhos uma cópia de *Física em 12 lições fáceis e não tão fáceis*, de Richard Feynman, que é um físico famoso. Eu amo tanto a sua conduta quanto a sua compreensão da física.

Também tenho lido *Perfectly Reasonable Deviations from the Beaten Track* [Desvios perfeitamente razoáveis dos caminhos traçados], de Feynman, e relido *Genius: The Life and Science of Richard Feynman* [Gênio: a vida e ciência de Richard Feynman], uma biografia do autor. [8]

Explica tudo: coisas difíceis em palavras fáceis, de Randall Munroe

Um ótimo livro de Randall Munroe (criador do *xkcd*, um webcomic voltado para a ciência). Ele explica conceitos muito complicados, desde mudanças climáticas até sistemas físicos e submarinos, usando apenas as mil palavras mais comuns da língua inglesa. Ele chamou o foguete *Saturno V* de "Up Goer Five", ou "Sobe-Rápido n° 5". Não é possível definir um foguete como uma nave espacial ou um foguete. É autorreferencial. Ele diz "sobe-rápido". É essa coisa que sobe rápido. As crianças entendem na hora. [4]

Thinking Physics: Understandable Practical Reality [Pensando em física: realidade prática compreensível], de Lewis Carroll Epstein

Existe outro livro excelente chamado *Thinking Physics*. Abro esse o tempo todo. Na contracapa, tem uma frase ótima que diz: "O único livro usado tanto na escola primária quanto na pós-graduação." É verdade. São quebra-cabeças simples de física que podem ser explicados a uma criança de doze anos e a um pós-graduando de física de 25. Todos trazem insights fundamentais sobre física.

São meio complicados, mas qualquer um pode chegar à resposta através do raciocínio puramente lógico. [4]

12 lições da história para entender o mundo, de Will Durant e Ariel Durant

É um ótimo livro, de que realmente gosto, e resume alguns dos maiores temas da história; é muito incisivo. E, ao contrário da maioria dos livros de história, é bem conciso e cobre um período extenso. [7]

The Sovereign Individual: Mastering the Transition to the Information Age [O individual soberano: dominando a transição para a era da informação], de James Dale Davidson e Lord William Rees-Mogg

Este é o melhor livro que li desde *Sapiens* (embora seja muito menos popular).

Poor Charlie's Almanack: The Wit and Wisdom of Charles T. Munger [O almanaque do pobre Charlie: a inteligência e a sabedoria de Charles T. Munger], de Charlie Munger (editado por Peter Kaufman)

Parece um livro de negócios, mas, na verdade, trata-se dos conselhos de Charlie Munger (da Berkshire Hathaway) sobre como superar a si mesmo para levar uma vida virtuosa e bem-sucedida. [7] [78]

A realidade não é o que parece: a estrutura elementar das coisas, de Carlo Rovelli

Este é o melhor livro que li no último ano. Faz uma mistura de física, poesia, filosofia e história, e os conteúdos são colocados juntos de uma forma muito acessível.

Sete breves lições de física, de Carlo Rovelli

Li este pelo menos duas vezes.

Para a teoria dos jogos, além de participar de jogos de estratégia, talvez lhe interesse experimentar *The Compleat Strategyst: Being a Primer on the Theory of Games of Strategy* [O estrategista completo: uma introdução à teoria dos jogos de estratégia], de J. D. Williams, e *A evolução da cooperação*, de Robert Axelrod. [11]

FILOSOFIA E ESPIRITUALIDADE

Tudo escrito por Jed McKenna.

Jed fala a verdade nua e crua. Seu estilo pode ser irritante, mas a dedicação à verdade é incomparável. [77]

Theory of Everything (The Enlightened Perspective) [Teoria de tudo (a perspectiva iluminada) — Trilogia Estado de Sonho

Jed McKenna's Notebook [Os cadernos de Jed McKenna]

Jed Talks # 1 e # 2

Tudo escrito pelo médico Kapil Gupta.

Kapil recentemente se tornou meu conselheiro pessoal e coach, e vale lembrar que não acredito em coaches. [77]

A Master's Secret Whispers: For those who abhor noise and seek The Truth...about life and living [Sussurros secretos de um mestre: para aqueles que abominam o barulho e buscam a verdade (...) sobre a vida e como viver]

Direct Truth: Uncompromising, non-prescriptive Truths to the enduring questions of life [Verdade direta: verdades intransigentes e não prescritivas para as questões duradouras da vida]

Atmamun: The Path to achieving the bliss of the Himalayan Swamis. And the freedom of a living God [Atmamun: o caminho para alcançar a bem-aventurança dos Swamis do Himalaia. E a liberdade de um Deus vivo]

O livro da vida, de Jiddu Krishnamurti

Krishnamurti é um cara menos conhecido, um filósofo indiano que viveu na virada do século passado e é uma grande influência para mim. É uma pessoa intransigente e muito direta, que basicamente lhe diz para contemplar a própria mente o tempo todo. Ele me inspira demais. Provavelmente, o seu melhor livro é *O livro da vida*, que conta com trechos de seus vários discursos e textos. [6]

Vou dar aos meus filhos um exemplar de *O livro da vida*. Vou pedir que só leiam quando forem mais velhos, porque não fará muito sentido enquanto forem jovens. [8]

Total Freedom: The Essential Krishnamurti [A libertação total: Krishnamurti em essência], de Jiddu Krishnamurti

Eu gosto de indicar este livro para quem está em um nível mais avançado do caminho. É um guia escrito por um racionalista para trafegar os perigos da mente humana. É o livro "espiritual" ao qual sempre me volto. [1]

Sidarta, de Hermann Hesse

Adoro este livro clássico de filosofia, uma boa introdução para quem está começando. Distribuí mais cópias deste livro do que de qualquer outro. [1]

> Eu estou sempre relendo algo escrito por Krishnamurti ou Osho. São os meus filósofos favoritos. [4]

[Atualização: agora eu adicionaria Jed McKenna, Kapil Gupta, Vashistha Yoga e Schopenhauer a essa lista.]

The Book of Secrets: 112 Meditations to Discover the Mystery Within [O livro dos segredos: 112 meditações para descobrir o mistério interior], de Osho

A maioria das técnicas de meditação são métodos de concentração, e existem inúmeras delas. Se quiser ver um monte dessas técnicas, pode consultar *The Book of Secrets*, de Osho. Sei que o autor ficou com má reputação recentemente, mas era um cara muito inteligente. Na verdade, o livro em inglês é uma tradução de um antigo livro em sânscrito com 112 meditações diferentes. Você pode experimentar cada uma delas e ver qual funciona melhor para você. [72]

The Great Challenge: Exploring the World Within [O grande desafio: explorando o mundo interior], de Osho

The Way to Love: The Last Meditations of Anthony de Mello [O caminho para o amor: as últimas meditações de Anthony de Mello], de Anthony de Mello

A alma indomável, de Michael Singer

Meditações, de Marco Aurélio

Ler Marco Aurélio foi uma experiência que mudou a minha vida completamente. Trata-se do diário pessoal do imperador de Roma. Aqui está um cara que provavelmente era o ser humano mais poderoso da Terra em sua época. Ele escreveu um diário apenas para si, sem a menor pretensão de que fosse publicado. Ao abrir o livro, percebe-se que ele vivia nossos mesmos problemas e as mesmas batalhas mentais; estava tentando ser uma pessoa melhor. É aí que descobrimos que o sucesso e o poder não melhoram nosso estado interno — ainda temos que trabalhar nisso. [6]

Ame a si mesmo: sua vida depende disso, de Kamal Ravikant

Na verdade, é o livro do meu irmão. Acho que foi escrito de forma bem sucinta. (Obviamente, serve como propaganda para o trabalho do meu irmão.)

Ele é o filósofo da família — eu sou apenas um amador. Tem um ótimo trecho no livro:

> Uma vez perguntei a um monge como ele encontrou a paz.
>
> "Eu digo 'sim'", revelou o monge. "A tudo o que acontece, eu digo 'sim'." [7]

The Tao of Seneca: Practical Letters from a Stoic Master [O Tao de Sêneca: cartas práticas de um mestre estoico]

É o audiolivro que mais ouço. O audiolivro mais importante que já ouvi.

Como mudar sua mente, de Michael Pollan

Recentemente, Michael Pollan escreveu um livro ótimo chamado *Como mudar sua mente*. Acho que é uma obra brilhante que todos deveriam ler.

O livro fala sobre psicodélicos, que são uma espécie de código de trapaça na autocontemplação. Não recomendo o uso de drogas para ninguém — é possível alcançar tudo isso por meio da meditação. Mas, se você quer acelerar o processo, os psicodélicos são bons para isso. [72]

Striking Thoughts: Bruce Lee's Wisdom for Daily Living [Pensamentos marcantes: a sabedoria de Bruce Lee para a vida diária], de Bruce Lee

Curiosamente, Bruce Lee escreveu obras de filosofia muito boas, e *Striking Thoughts* é um bom resumo de parte de sua teoria.

O profeta, de Khalil Gibran

O livro parece um tomo religioso poético moderno. Ele se equipara ao Bhagavad Gita, ao *Tao Te Ching*, à Bíblia e ao Alcorão. É escrito em um estilo que tem um toque de religiosidade e verdade, mas muito acessível, bonito, não denominacional e não sectário. Amei o livro.

O autor tem o dom de descrever poeticamente como são as crianças, os enamorados, como o casamento deveria ser, como devemos tratar os inimigos e os amigos, como devemos lidar com o dinheiro, no que podemos pensar sempre que precisamos matar algo para nos alimentar. Senti que, como os grandes livros religiosos, a leitura ofereceu uma resposta muito profunda, muito filosófica, mas bastante verdadeira sobre como abordar os principais problemas da vida. Eu recomendo *O profeta* a qualquer um, seja religioso ou não. Seja você cristão, hindu, judeu ou ateu. Acho que é um livro lindo e vale a pena ler. [7]

FICÇÃO CIENTÍFICA

> Comecei com histórias em quadrinhos e ficção científica. Depois passei a curtir história e notícias. Em seguida, psicologia, ciência popular, tecnologia.

Ficções, de Jorge Luis Borges

Amo o autor argentino Jorge Luis Borges. Sua coleção de contos *Ficções*, ou *Labyrinths*, são incríveis. Borges provavelmente continua sendo o autor mais poderoso que li que não estava apenas escrevendo filosofia a torto e a direito. Havia filosofia na ficção científica. [1]

História da sua vida e outros contos, de Ted Chiang

Considero que o meu conto de ficção científica favorito provavelmente é "Entenda", de Ted Chiang. Faz parte de uma coletânea chamada *História da sua vida e outros contos*. Além disso, "A história da sua vida" foi transformado em um excelente filme chamado *A chegada*. [1]

Expiração, de Ted Chiang

Contempla a maravilha da termodinâmica do melhor escritor de contos de ficção científica da nossa época.

"O ciclo de vida dos objetos de software", de Ted Chiang

Mais uma obra-prima de ficção científica do autor.

Snow Crash, de Neal Stephenson

Snow Crash é um livro muito, muito incrível. Não existe nada parecido com *Snow Crash*. O livro está em uma categoria exclusiva. Stephenson também escreveu *The Diamond Age* (A era do Diamante).

"A última pergunta", um conto de Isaac Asimov

Cito "A última pergunta" o tempo todo. Eu adorava esse livro quando era criança.

Quais são os livros que você está relendo agora?

Essa é uma ótima pergunta. Vou abrir meu aplicativo Kindle enquanto conversamos. Normalmente, estou sempre relendo alguns livros na área das ciências.

Estou lendo um livro sobre a teoria mimética de René Girard. É uma obra que dá uma espécie de visão geral, porque não consegui ler os escritos originais. Estou lendo *Ferramentas dos titãs*, o livro de Tim Ferriss sobre o que ele aprendeu com várias grandes personalidades.

Também estou lendo *Thermoinfocomplexity* (Termoinfocomplexidade). Foi escrito por um amigo meu, Behzad Mohit. Acabei de ler *Pré-suasão* — ou devo dizer que acabei de folhear o livro —, de Robert Cialdini. Não acho que precisaria ler o livro inteiro para compreender o assunto, mas ainda assim foi bom ler o que consegui. É um ótimo livro. Atualmente estou lendo *A história da filosofia: vida e ideias dos grandes filósofos*, também de Will Durant.

Eu agora tenho um filho pequeno, então tenho muitos livros sobre educação infantil que uso mais como material de referência do que qualquer outra coisa. Recentemente, li um pouco de Emerson e de Chesterfield. Tenho um livro de Tolstói aqui também.

Alan Watts. Scott Adams. Reli *God's Debris* (Detritos de Deus) recentemente. Um amigo meu está relendo *Tao Te Ching*, então peguei de novo para ler. Tem um monte. Quer dizer, eu poderia continuar falando sem parar. Aqui está o livro de Nietzsche. Tem *O economista clandestino* [Tim Harford]. O livro de Richard Bach [*Ilusões: as aventuras de um messias indeciso*]. Também tem alguns livros de Jed McKenna.

Um pouco de Dale Carnegie aqui. *O problema dos três corpos* [Cixin Liu]. *Em busca de sentido* [Viktor E. Frankl]. Tem muitos. *Sexo antes de tudo* [Christopher Ryan]. Tem tantos livros por aí...

Quando conto às pessoas o que estou lendo, não menciono dois terços dos livros do momento. Muitos são vergonhosos. Não parecem bons livros. Vão soar triviais ou bobos. Quem se importa? Não preciso contar para todos o que leio. Leio o tipo de coisa que outras pessoas consideram lixo ou mesmo repreensível. Leio coisas sobre as quais discordo porque são desconcertantes. [4]

> Sempre gastei dinheiro com livros. Nunca encarei como despesa. Considero um investimento. [4]

BLOGS

(Como há diversos links nesta seção, talvez você prefira acessar uma cópia digital. Para sua conveniência, acesse intrinseca.com.br/oalmanaquedenaval para obter uma versão digital deste capítulo.)

Há alguns blogs incríveis por aí:

@KevinSimler — *Melting Asphalt*, https://meltingasphalt.com/

@farnamstreet — *Farnam Street*, *A Signal in a World Full of Noise*, https://fs.blog/

@benthompson — *Stratchery*, https://stratechery.com/

@baconmeteor — Idle Words, https://idlewords.com/ [4]

"The Munger Operating System: How to Live a Life That Really Works", por @FarnamStreet

Regras para viver e prosperar.

"The Day You Became a Better Writer", por Scott Adams

Embora eu seja um ótimo escritor e tenha escrito muito desde jovem, ainda abro esse post do blog e o coloco em segundo plano sempre que estou escrevendo algo importante. É muito bom mesmo. Eu o uso como meu modelo básico para escrever bem. Pense no título, "O dia em que você se tornou um escritor melhor". É um título muito poderoso. Em um post bem curto, ele ensina a importância da surpresa, das manchetes, a importância de ser breve e direto, de não usar alguns adjetivos e advérbios, de usar voz ativa e não passiva etc. Este post aqui mudará seu estilo de escrita para sempre, se você diminuir o ego e absorvê-lo corretamente. [6]

Quer ficar mais inteligente em dez minutos? Absorva isto: "Crony Beliefs", de Kevin Simler.

Melhor post que li sobre decisões na carreira (no Vale do Silício/tecnologia) por @eladgil

Sapiens, de Harari, que você encontra em forma de palestra/curso no YouTube.

Toda faculdade de administração deveria ter um curso de teoria da agregação. Ou você pode aprender com o próprio mestre, @benthompson, o melhor analista que existe no ramo da tecnologia.

Ótima leitura: "Quantum physics is not 'weird.' *You* are weird." — "Think Like Reality" ["A física quântica não é 'estranha'. *Você* é estranho."] (Eliezer Yudkowsky)

Leitura obrigatória: "Lazy Leadership", por @Awilkinson

Contém a sabedoria ilimitada de um homem que venceu pelo próprio esforço. Para as pessoas que superam as expectativas, vale a pena ler tudo que tem no site do @EdLatimore: https://edlatimore.com/

> Se você come, investe e pensa de acordo com o que as "notícias" defendem, acabará financeira, moral e nutricionalmente falido.

OUTRAS RECOMENDAÇÕES

Contas no Twitter como:

@AmuseChimp (minha conta favorita de todos os tempos)

@mmay3r

@nntaleb

Art De Vany (no Facebook)

A genialidade está aqui, apenas distribuída de forma desigual. [4]

Leitura obrigatória. (Thread do Twitter sobre "composição intelectual" por @zaoyang). [11]

Na verdade, existem algumas histórias em quadrinhos muito boas por aí. Se você está aberto a elementos cartunescos, leia *Transmetropolitan* [Warren Ellis], *The Boys* [Garth Ennis], *Planetary* [Warren Ellis] e *Sandman* [Neil Gaiman]. Na minha opinião, alguns destes estão entre as melhores obras da atualidade. Eu também cresci lendo quadrinhos, então tenho uma forte inclinação a curtir e aproveitar essas histórias. [1]

Rick and Morty (programa de TV + história em quadrinhos)

Rick and Morty é o melhor programa da televisão (na minha humilde opinião, é claro). Basta assistir ao primeiro episódio — só precisa disso. É uma mistura entre *De volta para o futuro* e *O guia do mochileiro das galáxias*.

A história em quadrinhos de *Rick and Morty* [de Zac Gorman] é tão inteligente quanto o programa.

"You and Your Research", de Richard Hamming

Um belo ensaio; recomendo a leitura. Aparentemente, foi escrito para quem está fazendo pesquisa científica, mas acho que se aplica a todos. É apenas um ensaio antigo sobre como fazer um ótimo trabalho. Isso me lembra muito do que Richard Feynman costumava dizer, embora eu ache que Hamming tenha se expressado de forma mais eloquente do que qualquer outro material que já li. [72]

OS ESCRITOS DE NAVAL

FÓRMULAS DA VIDA I (2008)

Estas são anotações que fiz para mim mesmo. O seu quadro de referência e, portanto, seus cálculos podem variar. Não são definições, são algoritmos para obter o sucesso. Contribuições são bem-vindas.

- → Felicidade = Saúde + Riqueza + Boas Relações
- → Saúde = Exercício + Dieta + Sono
- → Exercício = Treino de Resistência de Alta Intensidade + Esportes + Descanso
- → Dieta = Alimentos Naturais + Jejum Intermitente + Vegetais
- → Sono = Sem alarmes + 8–9 horas + Ciclos circadianos
- → Riqueza = Renda + Riqueza * (Retorno sobre o Investimento)
- → Renda = Responsabilidade + Alavancagem + Conhecimento Específico
- → Responsabilidade = Marca Pessoal + Plataforma Pessoal + Correr riscos?
- → Alavancagem = Capital + Pessoas + Propriedade Intelectual
- → Conhecimento Específico = Saber fazer algo que a sociedade ainda não pode treinar facilmente outras pessoas para fazer

→ Retorno sobre o investimento = "Buy and Hold" ("comprar e segurar") + Avaliação + Margem de Segurança [70]

REGRAS DE NAVAL (2016)

→ Esteja no presente acima de tudo.
→ Desejar é sofrer. (Buda)
→ Guardar raiva é como segurar um carvão em brasa enquanto espera para jogá-lo em alguém. (Buda)
→ Se você não consegue se imaginar trabalhando com alguém pelo resto da vida, não trabalhe nem um dia sequer com essa pessoa.
→ Ler (aprender) é a meta-habilidade suprema e pode servir de moeda de troca com qualquer outra coisa.
→ Todos os benefícios reais na vida são oriundos de juros compostos.
→ Ganhe com a sua mente, não com o seu tempo.
→ 99% de todo o esforço é desperdiçado.
→ Honestidade total em todos os momentos. Quase sempre é possível ser honesto e positivo.
→ Elogie o específico, critique o geral. (Warren Buffett)
→ A verdade é aquela que tem poder preditivo.
→ Observe cada pensamento. (Pergunte "Por que estou tendo este pensamento?")
→ Toda grandeza vem do sofrimento.
→ O amor é dado, não recebido.
→ A iluminação é o espaço entre seus pensamentos. (Eckhart Tolle)
→ A linguagem da natureza é a matemática.
→ Cada momento deve ser completo por si só. [5]

> Saúde, amor e a sua missão, nessa ordem. Nada mais importa.

NAVAL E O QUE VEM A SEGUIR

Se você amou este livro, há muitas maneiras de se aprofundar mais sobre Naval. Estou publicando trechos do almanaque de Naval em Navalmanack.com. São, na verdade, partes que foram tiradas do (enorme) manuscrito original deste livro, mas que foram deixadas de fora desta edição. Eu as publiquei on-line para quem estiver interessado nos insights mais específicos de Naval sobre:

→ Educação
→ A história da AngelList
→ Investimentos
→ Start-ups
→ Criptomoedas
→ Relacionamentos

Naval continua formulando e compartilhando ótimos insights:

→ No Twitter: Twitter.com/Naval
→ Em seu podcast: *Naval*
→ Em seu site: https://nav.al/

Coisas relacionadas a Naval que estavam bombando quando este livro foi escrito:

→ Compilação de episódios do podcast *Naval: How to Get Rich*
→ Entrevista sobre o *The Knowledge Project*
→ Entrevista concedida ao podcast de Joe Rogan

Readwise.io formulou generosamente uma coleção de trechos deste livro, disponível em Readwise.io/naval. Você receberá um e-mail semanal com trechos importantes deste livro, em inglês, para continuar a manter os conceitos frescos na cabeça por muito tempo após a leitura.

Se você gosta das ilustrações de Jack Butcher, é possível ver mais ilustrações das ideias de Naval em Navalmanack.com e mais do trabalho do designer em VisualizeValue.com.

AGRADECIMENTOS

Sou grato por tantas coisas e pessoas. Fico extasiado de felicidade quando lembro da quantidade de pessoas que colaboraram para criar este livro. Sinto uma gratidão cada vez maior por todos vocês.

Aqui está o meu discurso de agradecimento e apreciação digno do Oscar:

Sou extremamente grato a Naval por confiar em um desconhecido da internet para criar um livro com suas palavras. Tudo isso começou com um tuíte meio idiota que se transformou em algo incrível por causa de sua confiança e apoio. Agradeço a receptividade, a generosidade e a confiança.

Sou grato a Babak Nivi pelos conselhos de escrita mais sucintos e precisos que já recebi. Você foi generoso, oferecendo o seu tempo para tornar este livro melhor, e sou extremamente grato por isso.

Sou grato a Tim Ferriss por abrir uma rara exceção e escrever o prefácio deste livro. Sua presença neste projeto significa muito para mim e certamente ajudará muito mais pessoas a encontrarem o caminho rumo à sabedoria de Naval.

Os alicerces deste livro são trechos de excelentes entrevistas de criadores como Shane Parrish, Joe Rogan, Sarah Lacy e Tim Ferriss. Agradeço imensamente por todo o esforço que vocês dedicam às suas entrevistas. A criação deste livro proporcionou a mim e a outras pessoas a oportunidade de aprender muito com o trabalho de vocês.

Sou grato a Jack Butcher por entrar em contato e oferecer seu enorme talento para criar as ilustrações deste livro. Seu trabalho na Visualize Value sempre me pareceu genialidade pura, e todos temos sorte de ver seu esforço nestas páginas.

Sou grato a meus pais por todos os presentes, esforços e sacrifícios que me possibilitaram criar este livro. Vocês construíram a base de tudo o que eu faço, e nunca vou me esquecer disso. A prática familiar de "cuspir as dúvidas" está bem viva neste projeto.

Agradeço a Jeannine Seidl por ser um sistema de apoio de amor e incentivo que veio inteiro em uma mulher só. Você é uma fonte infinita de positividade, paciência e bons conselhos. Obrigado por sempre manter o meu ânimo elevado.

Sou grato a Kathleen Martin por ser uma editora verdadeiramente maravilhosa e por fazer o seu melhor trabalho neste projeto. (E obrigado a David Perell por ter nos apresentado.)

Agradeço a Kusal Kularatne pelas suas muitas contribuições. Você acreditou logo de cara, foi um dos primeiros leitores e uma grande ajuda quando este projeto era incipiente e frágil. Sou muito grato pelo seu trabalho.

Sou grato a Max Olson, Emily Holdman e Taylor Pearson. Todos vocês são amigos maravilhosos que se tornaram conselheiros extremamente úteis para mim ao longo deste processo de estruturar e publicar um livro. Sem vocês, eu ainda estaria pesquisando coisas no Google e murmurando palavrões.

Sou grato ao meu grupo de primeiros leitores pelo tempo, edições e conselhos sábios oferecidos. Cada um fez contribuições valiosas para este livro, que, sem vocês, não seria o que é. Meu mais profundo agradecimento a: Andrew Farah, Tristan Homsi, Daniel Doyon, Jessie Jacobs, Sean O'Connor, Adam Waxman, Kaylan Perry, Chris Quintero, George Mack, Brent Beshore, Shane Parrish, Taylor Pearson, Ben Crane, Candace Wu, Shane Mac, Jesse Powers, Trevor McKendrick, David Perell, Natala Constantine, Ben Jackson, Noah Madden, Chris Gillett, Megan Darnell e Zach Anderson Pettet.

Sou grato aos autores e criadores que inspiraram este livro. Minha motivação para desenvolvê-lo e compartilhá-lo veio diretamente de uma profunda apreciação pelo impacto causado por livros semelhantes, e eu gostaria de citar alguns especificamente:

→ *Poor Charlie's Almanack* [Almanaque do pobre Charlie], editado por Peter Kaufman (da obra de Charlie Munger)
→ *De zero a um*, de Blake Masters (da obra de Peter Thiel)
→ *Seeking Wisdom* (e outros) [Em busca da sabedoria], de Peter Bevelin (da obra de Buffett e Munger)
→ *Berkshire Hathaway Letters to Shareholders* [Cartas da Berkshire Hathaway aos acionistas], editado por Max Olson (da obra de Buffett)
→ *Princípios*, de Ray Dalio (e equipe)

Sou grato a toda a equipe da Scribe, por serem os primeiros fervorosos defensores deste livro. Zach Obront dá conselhos fantásticos, e Hal Clifford é um editor paciente e persistente.

Agradeço a Tucker Max por criar a Scribe, contratar uma ótima equipe e por toda a atenção e todo o esforço que dedicou a este projeto. Aprecio muito a sua disposição de ferir meus sentimentos em busca de um ótimo produto. E agradeço profundamente a confiança que depositou em mim para fazer um bom trabalho.

Sou grato a Bo e a toda a equipe da Zaarly pela paciência e benevolência em relação à minha obsessão por este livro e pelo esforço envolvido nele.

Sou grato pelo apoio de muitos amigos e desconhecidos da internet, que me deram suporte e me incentivaram ao longo deste projeto. Minhas DMs estão lotadas de palavras amáveis e perguntas ansiosas. Aprecio cada gesto. Essa energia me ajudou a aguentar as milhares de horas que passei desenvolvendo este projeto para vocês.

FONTES

[1] Ravikant, Naval. "Naval Ravikant Was Live." *Periscope*, 20 de janeiro de 2018. <www.pscp.tv/w/1eaKbqrWloRxX>.

[2] Ravikant, Naval. "Naval Ravikant Was Live." *Periscope*, 11 de fevereiro de 2018. <www.pscp.tv/w/1MnGneBLZVmKO>.

[3] Ferriss, Tim. *Tribe of Mentors: Short Life Advice from the Best in the World*. Nova York: Houghton Mifflin Harcourt, 2017. <https://amzn.to/2U2kE3b>.

[4] Ravikant, Naval e Shane Parrish. "Naval Ravikant: The Angel Philosopher." *Farnam Street*, 2019. <https://fs.blog/naval-ravikant/>.

[5] Ferriss, Tim. *Tools of Titans: The Tactics, Routines, and Habits of Billionaires, Icons, and World-Class Performers*. Nova York: Houghton Mifflin Harcourt, 2016.

[6] Ferriss, Tim. "The Person I Call Most Often for Startup Advice (#97)." *The Tim Ferriss Show*, 18 de agosto de 2015. <https://tim.blog/2015/08/18/the-evolutionary-angel-naval-ravikant/>.

[7] Ferriss, Tim. "Naval Ravikant no Tim Ferriss Show — Transcrição." *The Tim Ferriss Show*, 2019. <https://tim.blog/ naval-ravikant-on-the-tim-ferriss-show-transcript/>.

[8] Killing Buddha Interviews. "Chief Executive Philosopher: Naval Ravikant On Suffering and Acceptance." *Killing Buddha*, 2016. <www.killingbuddha.co/blog/2016/2/7/naval-ravikant-ceo-of-angellist>; "Chief Executive Philosopher: Naval Ravikant On the Skill of Happiness." *Killing Buddha*, 2016. <www.killingbuddha.co/blog/2016/2/10/chief-executive-philosopher-naval-on-happiness-as-peace-and-choosing-your-desires-carefully>; "Chief Executive Philosopher: Naval Ravikant On Who He Admires." *Killing Buddha*, 2016. <www.killingbuddha.co/blog/2016/2/19/naval-ravikant-on-who-he-admires>; "Chief Executive Philosopher: Naval Ravikant On the Give and Take of the Modern World." *Killing Buddha*, 2016. <www.killingbuddha.co/blog/2016/2/23/old-bodies-in-a-new-world>;

"Chief Executive Philosopher: Naval Ravikant On Travelling Lightly." *Killing Buddha*, 2016. <www.killingbuddha.co/blog/2016/9/19/naval-ravikant-on-travelling-lightly>; "Naval Ravikant on Wim Hof, His Advice to His Children, and How He Wants to Look Back on His Life." *Killing Buddha*, 2016. <www.killingbuddha.co/blog/2016/12/28/naval-ravikant-on-advice-to-his-children>.

[9] DeSena, Joe. "155: It's All About Your Desires, Says AngelList Founder Naval Ravikant." *Spartan Up!*, 2019. <https://player.fm/series/spartan-up-audio/155-its-all-about-your-desires-diz-angel-list-founder-naval-ravikantunder-naval-ravikant>.

[10] "Naval Ravikant was live." *Periscope*, 29 de abril de 2018. <www.pscp.tv/w/1lDGLaBmWRwJm>.

[11] Ravikant, Naval. Twitter, Twitter.com/Naval.

[12] Naval Ravikant, "What the World's Smartest People Do When They Want to Get to the Next Level", entrevista por Adrian Bye, *MeetInnovators*, Adrian Bye, 1º de abril de 2013. <http://meetinnovators.com/2013/04/01/naval-ravikant-angellist/>.

[13] "Episode 2—Notions of Capital & Naval Ravikant of Angellist," *Origins* do SoundCloud. <https://soundcloud.com/notation-capital>.

[14] "Naval Ravikant—A Monk in Silicon Valley Tells Us He's Ruthless About Time." *Outliers com Panjak Mishra* do Soundcloud, 2017. <https://soundcloud.com/factordaily/ep-06-naval-ravikant-angellis>.

[15] Ravikant, Naval e Babak Nivi. "Before Product-Market Fit, Find Passion-Market Fit." *Venture Hacks*, 17 de julho de 2011. <https://venturehacks.com/articles/passion-market>.

[16] Cohan, Peter. "AngelList: How a Silicon Valley Mogul Found His Passion." *Forbes*, 6 de fevereiro de 2012. <www.forbes.com/sites/petercohan/2012/02/06/angellist-how-a-silicon-valley-mogul-found-his-passion/#729d979bbbe6>.

[17] Ravikant, Naval. "Why You Can't Hire." *Naval*, 13 de dezembro de 2011. <https://startupboy.com/2011/12/13/why-you-cant-hire/>.

[18] Ravikant, Naval. "The Returns to Entrepreneurship." *Naval*, 9 de novembro de 2009. <https://startupboy.com/2009/11/09/the-returns-to-entrepreneurship/>.

[19] Ravikant, Naval. "Build a Team That Ships." *Naval*, 27 de abril de 2012. <https://startupboy.com/2012/04/27/build-a-team-that-ships/>.

[20] Ravikant, Naval. "The 80-Hour Myth." *Naval*, 29 de novembro de 2005. <https://startupboy.com/2005/11/29/the-80-hour-myth/>.

[21] Ravikant, Naval. "The Unbundling of the Venture Capital Industry." *Naval*, 1º de dezembro de 2010. <https://startupboy.com/2010/12/01/ the-unbundling-of-the-venture-capital-industry/>.

[22] Ravikant, Naval. "Funding Markets Develop in Reverse." *Naval*, 1º de dezembro de 2010. <https://startupboy.com/2010/12/01/funding-markets-develop-in-reverse/>.

[23] Nivi, Babak. "Startups Are Here to Save the World." *Venture Hacks*, 7 de fevereiro de 2013. <https://venturehacks.com/articles/save-the-world>.

[24] Nivi, Babak. "The Entrepreneurial Age." *Venture Hacks*, 25 de fevereiro de 2013. <https://venturehacks.com/articles/the-entrepreneurial-age>.

[25] Ravikant, Naval. "VC Bundling." *Naval*, 1º de dezembro de 2005. <https://startupboy.com/2005/12/01/vc-bundling/>.

[26] Ravikant, Naval. "A Venture SLA." *Naval*, 28 de junho de 2013. <https://startupboy.com/2013/06/28/a-venture-sla/>.

[27] Nivi, Babak. "No Tradeoff between Quality and Scale." *Venture Hacks*, 18 de fevereiro de 2013. <https://venturehacks.com/there-is-no-finish-line-for-entrepreneurs>.

[28] Ravikant, Naval, "An interview with Naval Ravikant," entrevista por Elad Gil, *High Growth Handbook*, Stripe Press, 2019. <http://growth.eladgil.com/book/cofounders/managing-your-board-an-interview-with-naval-ravikant-part-1/>.

[29] Ferriss, Tim. "Tools of Titans—A Few Goodies from the Cutting Room Floor." *The Tim Ferriss Show*, 20 de junho de 2017. <https://tim.blog/2017/06/20/ tools-of-titans-goodies/>.

[30] Delevett, Peter. "Naval Ravikant of AngelList Went from Dot-Com Pariah to Silicon Valley Power Broker." *The Mercury News*, 6 de fevereiro de 2013. <www.mercurynews.com/2013/02/06/naval-ravikant-of-angellist-went-from-dot-com-pariah-to-silicon-valley-power-broker/>.

[31] Coburn, Lawrence. "The Quiet Rise of AngelList." *The Next Web*, 4 de outubro de 2010. <https://thenextweb.com/location/2010/10/04/the-quiet-rise-of-angellist/>.

[32] Loizos, Conny. "His Brand Burnished, Naval Ravikant Plans New Fund with Babak Nivi." *The PEHub Network*, 5 de novembro de 2010.

[33] Nivi, Babak. "Venture Hacks Sucks Now, All You Talk About Is AngelList." *Venture Hacks*, 17 de fevereiro de 2011. <https://venturehacks.com/articles/venture-hacks-sucks>.

[34] Kincaid, Jason. "The Venture Hacks Startup List Helps Fledgling Startups Pitch Top Angel Investors." *TechCrunch*, 3 de fevereiro de 2010. <https://techcrunch.com/2010/02/03/startuplist-angel-investors/>.

[35] Babak, Nivi. "1.5 Years of AngelList: 8000 Intros, 400 Investments, and That's Just the Data We Can Tell You About." *Venture Hacks*, 25 de julho de 2011. <https://venturehacks.com/articles/centi-sesquicentennial>.

[36] Smillie, Eric. "Avenging Angel." Dartmouth Alumni Magazine, inverno de 2014. <https://dartmouthalumnimagazine.com/articles/avenging-angel>.

[37] Babak, Nivi. "AngelList New Employee Reading List." *Venture Hacks*, 26 de outubro de 2013. <https://venturehacks.com/articles/reading>.

[38] Babak, Nivi. "Things We Care About at AngelList." *Venture Hacks*, 11 de outubro de 2013. <http://venturehacks.com/articles/care>.

[39] Rivlin, Gary. "Founders of Web Site Accuse Backers of Cheating Them." *The New York Times*, 26 de janeiro de 2005. <www.nytimes.com/2005/01/26/technology/founders-of--web-site-accuse-backers-of-cheating-them.html>.

[40] PandoDaily. "PandoMonthly: Fireside Chat with AngelList Co-Founder Naval Ravikant." 17 de novembro de 2012. Vídeo do YouTube, 2:03:52. <www.youtube.com/watch?v=2htl-O10DcI>.

[41] Ravikant, Naval. (Ep. 30 — Naval Ravikant — AngelList (1 de 2))." Entrevista concedida a Kevin Weeks. *Venture Studio*, 2016.

[42] Sloan, Paul. "AngelList Attacks Another Startup Pain Point: Legal Fees." CNet, 5 de setembro de 2012. <www.cnet.com/news/angellist-attack-another-startup-pain-point-legal-fees/>.

[43] Ravikant, Naval. "Naval Ravikant on How Crypto Is Squeezing VCs, Hindering Regulators, and Bringing Users Choice." Entrevista concedida a Laura Shin. *UnChained*, 29 de novembro de 2017. <http://unchainedpodcast.co/naval-ravikant-on-how-crypto- is-squeezing--vcs-hindering-regulators-and-bring-users-choice>.

[44] Ravikant, Naval. "Introducing: Venture Hacks." *Naval*, 2 de abril de 2007. <https://startupboy.com/2007/04/02/introducing-venture-hacks/>.

[45] Ravikant, Naval. (Ep. 31 — Naval Ravikant — AngelList (2 de 2))." Entrevista realizada por Kevin Weeks. *Venture Studio*, 2016.

[46] AngelList. "Syndicates/For Investors." <https://angel.co/syndicates/for-investors#syndicates>.

[47] Ferriss, Tim. "You'd Like to Be an Angel Investor? Here's How You Can Invest in My Deals..." *The Tim Ferriss Show*, 23 de setembro de 2013. <https://tim.blog/2013/09/23/youd-like-to-be-an-angel-investor-heres-how-you-can-invest-in my-deals/>.

[48] Buhr, Sarah. "AngelList Acquires Product Hunt." *TechCrunch*, 1º de dezembro de 2016. <https://techcrunch.com/2016/12/01/angelhunt/>.

[49] Wagner, Kurt. "AngelList Has Acquired Product Hunt for around $20 Million." *Vox*, 1º de dezembro de 2016. <www.recode.net/2016/12/1/13802154/angellist-product-hunt-verification>.

[50] Hoover, Ryan. "Connect the Dots." *Ryan Hoover*, 1º de maio de 2013. <http://ryanhoover.me/post/49363486516/connect-the-dots>.

[51] "Naval Ravikant." *Angel*. <https://angel.co/naval>.

[52] Babak, Nivi. "Welcoming the Kauffman Foundation." *Venture Hacks*, 5 de outubro de 2010. <http://venturehacks.com/articles/kauffman>.

[53] "Introducing CoinList." *Medium*, 20 de outubro de 2017. <https://medium.com/@coinlist/introducing-coinlist-16253eb5cdc3>.

[54] Hochstein, Marc. "Most Influential in Blockchain 2017 # 4: Naval Ravikant." *CoinDesk*, 31 de dezembro de 2017. <www.coindesk.com/coindesk-most-influential-2017-4-naval-ravikant/>.

[55] Henry, Zoe. "Why a Group of AngelList and Uber Expats Launched This New Crowdfunding Website." *Inc.*, 18 de julho de 2016. <www.inc.com/zoe-henry/republic-launchches-with-angellist-and-uber-alumni.html>.

[56] "New Impact, New Inclusion in Equity Crowdfunding." *Republic*, 18 de julho de 2016. <https://republic.co/blog/new-impact-new-inclusion-in-equity-crowdfunding>.

[57] AngelList. "Done Deals." <https://angel.co/done-deals>.

[58] Ravikant, Naval. "Bitcoin — the Internet of Money." *Naval*, 7 de novembro de 2013. <https://startupboy.com/2013/11/07/bitcoin-the-internet-of-money/>.

[59] Token Summit. "Token Summit II—Cryptocurrency, Money, and the Future with Naval Ravikant." 22 de dezembro de 2017. Vídeo do YouTube, 32:47. <www.youtube.com/watch?v=few99D5WnRg>.

[60] Blockstreet HQ. "Beyond Blockchain Episode # 3: Naval Ravikant." 5 de dezembro de 2018. Vídeo do YouTube, 6:01. <www.youtube.com/watch?v=jCtOHUMaUY8>.

[61] Ravikant, Naval. "The Truth About Hard Work." *Naval*, 25 de dezembro de 2018. <https://startupboy.com/2018/12/25/the-truth-about-hard-work/>.

[62] "Live Stories: The Present and Future of Crypto with Naval Ravikant and Balaji Srinivasan." *Listen Notes*, 16 de novembro de 2018.

[63] Blockstack. "Investment Panel: Naval Ravikant, Meltem Demirors, Garry Tan." 11 de agosto de 2017. Vídeo do YouTube, 27:16. <www.youtube.com/watch?v=01mkxci6vvo>.

[64] Yang, Sizhao (@zaoyang). "1/Why Does the ICO Opportunity Exist at All?" 19 de agosto de 2017, 13:43. <https://twitter.com/zaoyang/status/899008960220372992>.

[65] Ravikant, Naval. "Towards a Literate Nation." *Naval*, 11 de dezembro de 2011. <https://startupboy.com/2011/12/11/towards-a-literate-nation/>.

[66] Ravikant, Naval. "Be Chaotic Neutral." *Naval*, 31 de outubro de 2006. <https://startupboy.com/2006/10/31/be-chaotic-neutral/>.

[67] AngelList. "AngelList Year in Review." 2018. <https://angel.co/2018>.

[68] Ravikant, Naval. "The Fifth Protocol." *Naval*, 1º de abril de 2014. <https://startupboy.com/2014/04/01/the-fifth-protocol/>.

[69] "Is Naval the Ravikant the Nicest Guy in Tech?" *Product Hunt*, 21 de setembro de 2015. <https://blog.producthunt.com/is-naval-ravikant-the-nicest-guy-in-tech-7f5261d1c23c>.

[70] Ravikant, Naval. "Life Formulas I." *Naval*, 8 de fevereiro de 2008. <https://startupboy.com/2008/02/08/life-formulas-i/>.

[71] @ScottAdamsSays. "Scott Adams Talks to Naval..." *Periscope*, 2018. <www.pscp.tv/w/1nAKERdZMkkGL>.

[72] @Naval. "Naval Ravikant was live." *Periscope*, fevereiro de 2019. <www.pscptv/w/1nAKEyeLYmRKL>.

[73] "4 Kinds of Luck." <https://nav.al/money-luck>.

[74] Kaiser, Caleb. "Naval Ravikant's Guide to Choosing Your First Job in Tech." *AngelList*, 21 de fevereiro de 2019. <https://angel.co/blog/naval-ravikants-guide-to-choose-your-first--job-in-tech?utm_campaign=platform-newsletter&utm_medium=email>.

[75] PowerfulJRE. "Joe Rogan Experience #1309—Naval Ravikant." 4 de junho de 2019. Vídeo do YouTube, 2:11:56. <www.youtube.com/watch?v=3qHkcs3kG44>.

[76] Ravikant, Naval. "How to Get Rich: Every Episode." *Naval*, 3 de junho de 2019. <https://nav.al/how-to-get-rich>.

[77] Ravikant, Naval. Conteúdo original criado para este livro, setembro de 2019.

[78] Jorgenson, Eric. Conteúdo original escrito para este livro, junho de 2019.

intrinseca.com.br

@intrinseca

editoraintrinseca

@intrinseca

@editoraintrinseca

intrinsecaeditora

1ª edição	FEVEREIRO DE 2022
reimpressão	JULHO DE 2025
impressão	BARTIRA
papel de miolo	HYLTE 60 G/M²
papel de capa	CARTÃO SUPREMO ALTA ALVURA 250 G/M²
tipografia	ABRIL TEXT